Las Notas
De Mi
Corazón

Beatrice Garcia

Salmo 71:17 – 19

Oh Dios, me enseñaste desde mi juventud,
Y hasta ahora he manifestado tus maravillas.
Aun en la vejez y las canas,
Oh Dios, no me desampares,
Hasta que anuncie tu poder a la posteridad,
Y tu potencia a todos los que han de venir,
Y tu justicia, Señor, hasta lo excelso.
Tú has hecho grandes cosas;
Oh Dios, ¿quien como Tú?

Las Memorias De Mi Vida

Las Notas
De Mi
Corazón

Beatrice Garcia

WestBow
PRESS
A DIVISION OF THOMAS NELSON

Los libros de WestBow Press pueden ser ordenados en librerías o contactando directamente WestBow Press Division de Thomas Nelson en las siguientes direcciones o número de teléfono:

WestBow Press
A Division of Thomas Nelson
1663 Liberty Drive
Bloomington, IN 47403
www.westbowpress.com
1-(866) 928-1240

ISBN: 978-1-4497-6121-9 (e)
ISBN: 978-1-4497-5467-9 (sc)

Número de Control de la Biblioteca del Congreso de EE.UU.: 2012909576

Stock fotos son de Thinkstock.

Impreso en los Estados Unidos de Norteamérica

WestBow Press fecha de revisión: 8/23/2012

Dedico este libro a mi amada familia,
Los que han compartido en mi vida,
Y a los que me conocerán
Por medio de este libro

Prefacio

Doy gracias a Dios por haberme permitido escribir este libro para compartirlo con mi familia y amigos. El viaje de mi vida ha sido interesante y mi oración es que este libro inspire al lector a confiar en Cristo, no importa lo que la vida o las circunstancias puedan traerles.

Se ha dicho que soy un miembro de "La generación más sobresaliente" y puede ser que así sea. He vivido a través de "la Primera Guerra Mundial", "La Influenza Española", "La Gran Depresión" y "la Segunda Guerra Mundial." Pero creo que "La generación más sobresaliente" es la que oye la voz de Dios y obedece. Mi deseo es que los lectores de este libro puedan escuchar el llamado de Dios en sus vidas.

Agradezco a Dios por esta vida maravillosa, y espero que mis descendientes disfruten de este libro de recuerdos. Que el Señor Jesús bendiga mi humilde escrito.

Contenido

Primera Parte
Dulces Melodías Cantaré

Segunda parte
Pat sabía cómo ajustar la cuerda para que sonara dulce la música.

Cómo vino a ser este libro

Cuando sentí el deseo de empezar este proyecto, parecía un asunto sencillo. Pensé que sería fácil juntar todas las historias interesantes que mamá ya había escrito. Entonces las podía arreglar en orden cronológico, y crear un solo documento. Yo sabía que si le agregaba detalles, aseguraría ella que el resultado fuera absolutamente preciso, gracias a la claridad de mente y la memoria sorprendente que tiene a la edad de noventa y cinco. Mientras yo escribía en máquina las historias que ella había escrito a mano, le empecé a hacer preguntas. Descubrí, claramente, que aún había más detalles y más historias que se necesitaban escribir.

Mi hermana Alicia y yo decidimos trabajar juntas en este proyecto, y empezamos a juntar mas detalles. Fue como armar un gran rompecabezas y cada pieza formaba en este libro de memoria una representación más bella y más completa de una vida preciosa. Al tejer cada nueva historia entre las que ella había escrito, pudimos distinguir los hilos significativos que corrían desde el principio al fin. En conjunto, estas historias han creado un tapiz único, un espléndido tejido con un tema unificador. Se reveló el hecho irrefutable e innegable que una presencia invisible había dirigido cada paso, cada prueba, y cada triunfo de su vida.

A medida que nos acercamos a la versión final del libro de mi madre, pensé en todas las diferentes direcciones que su vida pudiera haber tomado si sus aspiraciones hubieran sido diferentes. Había tenido muchas oportunidades y opciones. Por ejemplo, si su objetivo hubiera sido la riqueza y la seguridad, se podría haber casado con Ezzel a los quince años y convertido en ser parte dueña de una fábrica de conservas. Si ella hubiera deseado una herencia, le podría haber dicho al abogado una mentira, que su difunto padre le había prestado apoyo para ella cuando él estaba vivo, y haber marchado con miles de dólares en un tiempo de depresión económica. Si hubiera optado por recibir recompensa monetaria por la pena y el dolor, podría haber optado hacer demanda en contra del joven que mató accidentalmente a sus dos hijos preciosos. ¿Y qué si ella hubiera exigido que su jefe le dejara una parte del negocio cuando se jubiló, como había prometido? El "¿Qué hubiera pasado si....?" son infinitos e imprevisibles sus resultados. Pero sus opciones fueron compatibles con una mujer de virtud. Ella no estaba viviendo en este mundo para ganar riquezas terrenales. Ella estaba viviendo aquí para hacer que otros fueren ricos en fe y en el amor de Cristo.

Al juntar todas estas historias pudimos ver los hilos que corrían a través de su vida, uniéndose todos los eventos y revelando la manera maravillosa en que un soberano Señor elige, predestina, y llama. Mi madre escuchó la llamada. De niña, oyó hablar de Jesús a través del canto y por el mensaje de una querida tía y su abuela quienes fueron fieles a proclamar y vivir el mensaje de un Salvador resucitado. Este mensaje le dijo a una joven huérfana de padre, que hay un Padre celestial que ama con un inquebrantable, eterno amor. Madre creyó en este amor a una edad joven. Ella lo ansiaba. Lo buscó; lo persiguió; lo abrazó; y lo ganó. Dejó muchas cosas atrás para seguir al Señor. Hasta este día, sigue creyendo que cada promesa que el Padre celestial nos ha dado en Su Palabra, se cumplirá.

La tarea de poner este libro en conjunto ha sido un esfuerzo mucho mas grande de lo que habíamos previsto, no obstante, ha sido un gran privilegio. Mi madre escogió ofrecer su vida al Señor con el anhelo de vivir una vida sin ofensa ante Dios y ante el hombre. Ella ha puesto su esperanza en las promesas gloriosas guardadas para todos los que esperan la venida del Señor.

Elizabeth Martin (hija de Beatrice Garcia)

Escribiré

Escribo para contar mi historia,
Pues como dice el adagio, el tiempo vuela.
Desde mi nacimiento nueve décadas han pasado,
Tenemos que aprovechar el tiempo; muy bien lo entiendo.

Siento deseos de anotar en este libro,
Los momentos, que gracias a Dios, todavía recuerdo.
Que todos mis amigos y descendientes al desearlo,
Saber de mi vida podrán, por medio de leerlo.

Sabrán mi vida, mis tristezas y mis goces,
Mi matrimonio feliz y del pasear a mis niños en sus coches.
Cómo les enseñé desde pequeños a amar las Escrituras,
Y de agradecer cada día, del Señor sus grandes maravillas.
Hoy en día se pasa la vida en rápido vuelo,
Poco tiempo hay entre las familias para hablar de lo bueno.
De orar, de comunión, de nuestra fe en el Divino,
Hay que redimir el tiempo, y
ofrecérselo al Señor de nuevo.

Gracias le doy a mi Salvador Divino por mi memoria,
Que hasta hoy, muy clara está, para relatar mi historia.
Con ánimo la escribo, y en mi corazón deseo,
Que se acomoden con un tecito, y
tomen tiempo para leerlo.

Escrito por Beatriz García

Reconocimientos

Quiero expresar mi gratitud a quienes me ayudaron a escribir la historia de mi vida. En primer lugar quiero agradecer a mi difunto esposo Patricio García, quien me llevó a clases de periodismo en el Centro de Ancianos de Montebello, cuando yo tenía setenta años. Pat y yo fuimos inseparables a lo largo de nuestro matrimonio, por lo cual su historia está incluida en la mía. Fue en el centro que empecé a escribir mis recuerdos autobiográficos. También quiero reconocer a mi hijo Rubén que me animó a seguir escribiendo.

Mis hijas, Elizabeth Martin y Alicia Landeros, trabajaron diligentemente para organizar y completar mi historia. Buscaron las fotos que le dan más vida a estas páginas. Seguí contándoles eventos de mi vida que aún puedo recordar. Mis hijas trabajaron incansablemente para hacer este libro atractivo y una cuenta exacta de mi vida, y son mis co-autores.

Stephanie León, una querida amiga, y profesora de inglés, se ofreció a revisar el primer manuscrito que fue en inglés. Estamos agradecidas por el tiempo y esfuerzo que nos rindió gratis para producir una historia bien escrita.

Al ya estar terminado el libro en inglés, mi hija Elizabeth y yo lo traducimos al español. Otra vez Dios nos proveyó ayuda para revisar este manuscrito en español. Queremos ofrecer mucho agradecimiento a Marion McClatchy, Dolly Church, y Dalilah Cantu Martínez, por su apoyo editorial y sus valiosos comentarios.

PRIMERA PARTE

Dulces Melodías Cantaré

Capítulo 1

El Valle del Río Grande

Antes que te formase en el vientre te conocí,
y antes que nacieses te santifiqué.

JEREMÍAS 1:5

Era la década de 1900, el comienzo de un nuevo siglo, y mis abuelos Benjamín Cantú y Severa Rodríguez Cantú estaban criando a sus hijos en la pequeña ciudad de Aldamas, Nuevo León, México. Mi abuela, mamá Severita, (como cariñosamente le llamaban), quería que todos sus hijos recibieran una educación formal, ya que ella no la tuvo. Cuando ella era joven, la mayoría de las niñas se quedaban en casa para ayudar con las tareas domésticas y no asistían a la escuela.

Fue una época de revolución en México, y por esta causa las escuelas se cerraban muy seguido. A pesar de esto, ¡Dios respondió al deseo de mi abuela! Un ministro metodista llamado Florencio Toscano abrió una escuela privada cristiana cerca de la casa de mi abuelita. El señor Toscano dictó clases de lectura, escritura, y aritmética.

También leía la Palabra de Dios a sus estudiantes. Esto fue una verdadera bendición, ya que en esa ciudad muy pocos sabían leer, y la mayoría no tenían una Biblia. La Biblia solo se leía en la iglesia católica, pero en latín, un idioma que la gente no entendía.

Los disturbios civiles en México eran terribles. Mi madre me contaba historias de como mis abuelos escondían a los niños cuando se enteraban que los rebeldes estaban en la ciudad y los llevaban a dormir en el campo de maíz. Los rebeldes eran abusivos, y entraban a las casas y obligaban a los jóvenes varones a unirse a ellos, y con frecuencia se aprovechaban de las mujeres. Gracias a Dios que nadie de mi familia fue víctima, ni la casa fue dañada. La Revolución Mexicana ayudó que mis abuelos tomaran la decisión de recoger a toda la familia y emigrar a los Estados Unidos.

Al llegar a los Estados Unidos, mis abuelos se quedaron en un pueblo pequeño en el sur de Texas llamado Chapín. El nombre de la ciudad después fue cambiado a Edinburg. Esta región es conocida como "El Valle del Río Grande." Aquí, mis abuelos y algunos de los hijos mayores, encontraron trabajo de limpiar y preparar el terreno en la ciudad para la construcción de nuevos edificios. La familia levantó viviendas temporales en tiendas de campaña mientras empezaron a trabajar la tierra, talar árboles y limpiar los campos. Después de ganar suficiente dinero, mis abuelos empacaron sus maletas y se mudaron a Mission, sólo unos kilómetros de Edinburg, donde compraron una casa y sentaron raíces. La casa de mis abuelos estaba en la esquina de la Calle Segunda y la Avenida de los Oblatos.

Nací a las siete y media de la mañana el 27 de abril de 1914, en casa de mis abuelos. Todos habían salido temprano a trabajar en los campos antes de que calentara mucho el sol. Mi madre estaba sola en casa y comenzó a sentir algunas contracciones. Ella cruzó la calle para llamar a Micaela

Gutiérrez, una partera, y también pariente de mi padre. Como nací antes de tiempo, era muy pequeña, y Micaela adivinó que pesaba cerca de cinco libras. Mi abuelita me nombró Beatriz, igual que a una buena amiga y una novela popular de la época, "Beatriz y Dora." Mi madre dijo que apenas tenía pelo y me parecía más a la familia Gutiérrez que a los Cantú. Fui bautizada en mayo de 1914, y mis padrinos fueron Francisca Gutiérrez (prima hermana de mi padre) y su hijo Víctor Gutiérrez.

Mi madre, Paula Cantú, fue la cuarta de trece hijos de Benjamín y Severa Cantú. Mi padre era Graciano Gutiérrez, hijo de Bartolo Gutiérrez y Tomasa Ochoa, de ascendencia española. Mi padre era propietario y dirigía una tienda de barrio de abarrotes. Mamá iba a la tienda a comprar comestibles, y así es como se conocieron y como comenzó su noviazgo. Mi padre tenía treinta y siete años de edad y Mi madre sólo tenía diecisiete años cuando se casaron. Me enteré de que mis padres tuvieron una hermosa boda en la iglesia Católica en Mission, el primero de junio de 1913, y que mi abuela paterna ayudó con los gastos de la boda. Sin embargo, a esta edad, mi madre no estaba dispuesta a estar obligada a siempre quedarse encerrada en casa. Se separaron dos meses antes de que yo naciera. Nunca supe los detalles de por qué mis padres no perseveraron en su matrimonio, así que sólo puedo hacer conjeturas con lo poco que aprendí cuando era niña. Supongo que la diferencia de edad fue la mayor causa. Mi madre volvió a casa de sus padres. La recibieron, con la condición de que nunca volvería a ver a mi padre otra vez. Ella accedió y así es como la historia de un padre ausente se inició en mi vida.

Mi madre logró ahorrar suficiente dinero, por medio de un trabajo que tenía planchando ropa, para comprar un cochecito de bebé que fue mi cuna. Como era costumbre en aquellos días, las mujeres no trabajaban por cuarenta días después del nacimiento de un niño, pero siendo madre soltera, ella volvió a trabajar mucho antes. Me dejó con mi abuela y mis tías y con una botella. Me dijeron que en su primer día de regreso al trabajo, no quise beber de la botella. Al oírme llorar por mucho tiempo, una de mis tías se compadeció de mí y decidió empujarme en mi carro a donde mi madre estaba trabajando. Tomando un descanso de su plancha, ella me dio de mamar. Así fue la costumbre de todos los días. Como no me gustaba la tetera, aprendí a beber de una taza tan pronto como pude usar mis manos para agarrar las cosas, quizá de unos cuatro meses.

Cuando yo tenía ocho meses de edad, Jesusita, la esposa de mi tío Librado, me arrullaba antes de acostarme a dormir en mi cuna. Ella me cantaba una canción de cuna que decía: "Duérmase Mi Niña." Una noche se sorprendió cuando le respondí: "Eh-me-se-te."

Con entusiasmo le dijo a mi tío Librado, "¡Escucha a esta niña! ¡Ella ya está diciendo el alfabeto!"

Cuando el me oyó repetir las palabras, le dijo, "Ella no está diciendo el alfabeto, está diciendo, 'Duérmase Usted'." Estas fueron mis primeras palabras.

En otra ocasión, cuando tenía como un año y medio, mi tía Jesusita me arrullaba para dormirme. Aparentemente, yo no tenía sueño y resistía porque quería quedarme despierta con toda la familia. Al ver mi resistencia, me dijo, "Si tú no te duermes el coyote va a venir por ti."

Segun mi tía, señalando a la ventana le dije: "¡Mínalo aya mene!" Todos miraron por la ventana y se dieron cuenta que yo estaba bromeando con ellos. Todos ellos se rieron por mi respuesta. Parece que a esta temprana edad me gustaban mucho los cuentos.

Al ya no caber en el coche de bebé, empecé a dormir con mi mamá. Después que mi mamá volvió a casarse, y al nacer mi media hermana Dora, ella tomó el coche. Cuando yo tenía unos siete años, mi madre lo regaló. Yo me acuerdo el día que lo recogieron de nuestra casa y todavía lo puedo imaginar con claridad en mi mente.

Capítulo 2

Zapatos de Charol

Mas buscad primeramente el reino de
Dios y su justicia, y todas estas cosas os
serán añadidas.

MATEO 6:3

Poco después de mi nacimiento comenzó la Primera
Guerra Mundial. En unos cuantos años los Estados
Unidos también se involucró en la guerra. Mi abuela,
por temor de que sus hijos mayores fueran reclutados por
el ejército, le pidió a papá Benjamín que se regresaran a
México. A él le pareció esto, y nos mudamos a Los Olmos,
un rancho en las fronteras de General Bravo. Allí disfrutamos
de una vida tranquila y pacífica en el país. Comíamos pollos,
huevos, y leche fresca todos los días. La familia también
cultivaba maíz, calabaza, y frijol. Yo vivía muy feliz con mi
madre, mis tías y tíos jóvenes, y mis abuelos en México.

La fecha fue el 27 de septiembre de 1917 y yo tenía
tres años y medio. Todavía recuerdo detalles de ese día.
Habían decorado la casa con ramos de rosas, y los invitados

llegaban en carruajes tirados por caballos, y venían vestidos con sus mejores trajes. Se saludaban cordialmente, y había mucho entusiasmo.

En el patio trasero, mis tíos preparaban carne a la parrilla. El patio tenía mesas grandes con manteles bonitos de lino blanco. Mis tías Severa y Adela estaban preparando las mesas con vasos y platos hermosos. Mi mejor amiga Gertrudis gritó: "Beatriz, ¿quieres venir a mi casa a ver mis gatitos nuevos?" Yo no quería ir a ninguna parte, yo quería saber qué estaba pasando. Pude entender que iba a haber una gran fiesta y nadie me había dicho nada. ¡Sin duda algo muy especial iba a suceder! Tía Adela me vistió con un vestido nuevo de color rosa, y unos zapatos de charol negro lindos que mi madre me había comprado, pero no me había permitido usar. Por lo general andaba descalza, así es que estaba esperando con impaciencia el día en que podría usarlos. ¡Por fin ese día había llegado!

Gertrudis y yo estábamos jugando afuera cuando después de un tiempo, decidí entrar a la casa. Vi a un hombre parado en la puerta. Como yo era muy pequeña, el hombre no me vió, y al ver a mi mamá al otro extremo de la habitación, me encaminé hacia ella. Estaba luciendo un vestido largo de color rosa, un sombrero y guantes blancos. Se veía tan hermosa, pero ¿por qué me ignoraba? Entonces vi, por primera vez, el varón extraño, y en su mano la mano de mi mamá. Mientras me daba prisa hacia mi mamá, alguien me recogió y me detuvo. Empecé a gritar en voz alta y sentí que mi corazón se rompía. ¡Sin saberlo, yo había entrado y perturbado la ceremonia de boda de mi mamá! Mi tía Adela me tomó, me dió un beso, y me llevó afuera. Ella me mantuvo en sus brazos y me consoló. Un poco más tarde empezó la música y me dijo: "Vamos a escuchar."

Dos hombres tocaban la guitarra y otro el acordeón. Me encantaba la música así que dejé de llorar, pero todavía quería estar con mi mamá. Entonces vino tía Severita y llevándome en sus brazos me dijo: "Beatriz, tu mamá Paula acaba de casarse con Jesús Rutoskey. Ahora será tu padre nuevo. A partir de ahora no vas a vivir con papá Benjamín y mamá Severita." Me quedé sorprendida y confusa. Ya me habían dicho que yo tenía un papá, ¿para que quería yo otro? ¿Cómo podría un desconocido ser mi padre? Sin embargo, nadie había pedido mi opinión.

Jesús Rutoskey era de origen Polaco. Él era amigo de la mejor amiga de mi mamá, Lupe Leal Arizpe, y de su marido. Mi madre seguido visitaba a Lupe en General Bravo, y en su casa lo conoció. Jesús era un viudo que había perdido a su esposa y a su único hijo. Lupe, pensando que mi mamá y Jesús harían una buena pareja, alentó la amistad. Él era unos diez años mayor que mi mamá.

Después de que mi madre se casó con Jesús, nos mudamos a su cabaña en General Bravo. No había ninguna razón para no quererlo, ya que él siempre fue amable conmigo. Lo único que sabía era que alguien de repente había entrado en la vida de mi madre y la mía. ¿Cómo podía ella amar a este extraño tanto como me amaba a mí? Frecuentemente, mi madre me preguntaba si todavía la amaba. Yo respondía que la amaba a ella, pero a Jesús no.

Mi padrastro tenía un interesante patrimonio. La historia fue transmitida por mi bisabuelo Luz Cantú, y fue de esta manera: El emperador Francés Napoleón III invadió a México y quería establecer un gobierno francés. Benito Juárez, el primer Presidente de México de pura sangre indígena nacional, resistió valientemente la ocupación francesa, negándose a aceptar un gobierno impuesto por extranjeros, y México les declaró la guerra. Francia trajo soldados de otras naciones europeas para las batallas y Mariano Rutoskey Tradoskey fue uno de estos soldados. Mariano tenía trece años y era el menor de tres hermanos.

Sus dos hermanos mayores murieron en la batalla y el ejército mexicano tomó cautivo a Mariano. Un día el capitán dió órdenes de que todos los prisioneros fuesen fusilados. Mi bisabuelo, Luz Cantú, un soldado mexicano, tomó a Mariano y dijo: "yo me encargaré de éste." Marchó a Mariano en rumbo al bosque y sacó su fusil. Le dijo a Mariano "Huye rápido y silenciosamente. Voy a disparar, pero no hacia ti. ¡Corre por tu vida!" México ganó su primera victoria sobre los franceses en Puebla, el cinco de mayo del 1862.

Luz Cantú les contó esta historia a sus hijos, entre ellos mi abuelo, papá Benjamín. Les dijo que él no podía ni concebir la idea de matar a un joven de trece años y tan bien parecido. Después de escapar, Mariano encontró trabajo como labrador y años después se casó y tuvo cinco hijos, tres hijos y dos hijas. Uno de los tres hijos de Mariano fue Jesús Rutoskey. Mi bisabuelo, Luz Cantú había salvado a Mariano, quien vino a ser el padre de Jesús Rutoskey quien se casó con mi madre y fue mi padrastro. Recientemente hemos descubierto que Mariano era un polaco judío.

Jesús tenía un terreno con dos pequeñas cabañas. Una era para cocinar y comer y la otra era la sala de estar y dormitorio. Allí viví con mi mamá y padrastro unos cinco años. En el patio había muchos árboles de mezquite y un pequeño arroyo. Cuando llovía, el agua en el arroyo se llenaba de las colinas cercanas que corren al río San Juan. No mucho después de su matrimonio, contrataron a unos trabajadores para construir una nueva casa en la propiedad. La casa fue construida varios años después, pero yo nunca viví en ella.

La casa nueva estaba hecha de bloques de piedra. No tenían electricidad ni agua, y la casita de baño (o letrina), estaba una buena distancia de la casa principal. Mi madre y mi padrastro vivieron en esa casa toda su vida. Mi padrastro murió a la edad de noventa y cuatro, y mi madre siguió viviendo en esa casa hasta su fallecimiento a la edad de noventa y seis. Hasta este día parece que la casa sigue en pie. Fielmente yo enviaba una parte de mi sueldo a mi madre para su apoyo. Le ayudé por todo el tiempo que ella vivió. Con este dinero pudo agregar poco a poco la electricidad, fontanería, y una línea telefónica. Incluso se agregó una sala. Ella también utilizó el dinero para comprar estufa y refrigeradora de cocina que le hizo la vida más cómoda.

Me acuerdo que los cinco años en que viví con mi mamá y Jesús, siempre estaban ocupados en la granja. Tenían un pequeño rebaño de vacas, que ordeñaban temprano cada mañana. Parte de la leche era para nosotros y alguna les vendía a los vecinos. Mamá hacia queso y mantequilla, y yo siempre bebía el suero de leche que quedaba después que la mantequilla había sido batida. Mamá hervía la leche que sobraba para que no se amargara. Después de esto, mi padrastro lavaba meticulosamente todos los baldes de leche y trapos de gasa. Finalmente, al terminar todas las tareas, llegaba el momento de llevar las vacas y las ovejas al pasto al otro lado del río. Los perros iban también para que los animales no se extraviaran.

Mi madre y yo teníamos un ritual que me gustaba. Mientras Jesús cruzaba el río con las vacas, nosotras nos íbamos a bañar en el río. Mamá podía nadar como un pez, y tan pronto como llegábamos, se tiraba al agua. Como yo no sabía nadar me ponía nerviosa a verla irse lejos de la orilla del río. Ella me consolaba diciendo: "No te preocupes que no me voy a ahogar." Después de nuestro baño, me secaba y me vestía con mi ropa limpia. Después lavábamos la ropa sucia en el río, y la colgábamos en los arbustos a secar. Después de regresar a casa, por la noche, las vacas comían nopales que Jesús había pasado por la llama para quemar las espinas. El viaje al río siempre era un placer para nosotros.

A mi mamá le encantaba enseñarme poesías en español. Cuando tenía unos cuatro años de edad, ella me llevaba a la tienda, me levantaba sobre el mostrador, y me ponía a recitar en frente de los clientes. Mamá me había enseñado a dramatizar las poesías con expresiones faciales y gestos de mano, lo cual hacía con mucho entusiasmo. Cómo me gustaba recitar las poesías hermosas que mi madre me había enseñado. Mi poesía favorita para recitar era, "El Caracol." Al dueño de la tienda le encantaba oírme, y siempre me daba un pedazo de caramelo de premio.

Recuerdo que mi madre era muy trabajadora. Ella sabía coser camisas de hombres, enrollar cigarrillos, y hacer el queso y la mantequilla. Su preocupación era vender sus productos; mi tristeza era, que por lo general me dejaba sola en casa para cuidar de mí misma. Para no ponerme triste, pensaba en cosas que hacer. Yo no tenía juguetes con qué divertirme como los niños de hoy en día, así que usé mi imaginación y creatividad en su lugar. Me gustaba encontrar piezas de porcelana rotas y utilizarlas como platos de juguete. Me hacía una tabla con mazorcas de maíz como patas, y un trozo de cartón por encima servía de mesa. También aprendí cómo hacer muñecas de trapo que me acompañaban a mi mesa para compartir mis fiestas de té. A veces jugaba con mis dos vecinas y amigas, Evangelina y María, o con mis primas, Concha y Cipriana, que vivían al lado. Cuando no había nadie con quién jugar, pasaba el tiempo con mi gatita Blanca Nieve.

En 1918, en la época de la Primera Guerra Mundial, se firmó el tratado de paz el 11 de noviembre, Día del Armisticio. Esa fecha, el *New York Times* informó:

"Se dejó de luchar a las 11 de la mañana. En un abrir y cerrar de ojos, después de cuatro años de matanza y masacre, se detuvo la guerra, como si Dios hubiera barrido su dedo omnipotente a través de la

escena de la carnicería del mundo y hubiera gritado:
"¡Basta ya!"

Cuando la guerra terminó, mis abuelos y sus hijos regresaron a Texas una vez más. En la búsqueda de empleo se mudaron varias veces, primero a Harlingen, luego al pueblo de Mission, y finalmente a la pequeña ciudad de Donna. Yo estaba triste cuando se mudaron, pero tuve que quedarme en México con mi madre y mi padrastro.

También fue la época de la influenza española que alcanzó a infectar a todo el mundo. Un estimado de cincuenta a cien millones de personas murieron a causa de esta epidemia. En los Estados Unidos se informó que había diez veces más muertos por causa de la influenza que los que habían muerto en el campo de batalla de la Primera Guerra Mundial. Aunque la guerra había terminado, la influenza española continuó por razón de que los soldados que regresaban a sus países se llevaban la enfermedad a casa con ellos. Incluso aún, nuestra pequeña ciudad de General Bravo no escapó esta enfermedad infecciosa. Mi mamá se enfermó y yo también. Mi mamá y Jesús esperaban su primera (y única) hija. Me llevaron a la casa de Ana Rutoskey, porque yo estaba ardiendo en calentura. Escuché a una señora que me ayudaba, decir: "¡Esta niña no ha comido en tres días, ella se va a morir!"

Luego otra señora dijo: "Deja que se muera, su madre se está muriendo también. ¿Quién cuidará a la niña si vive?" A esa edad, no sabía lo que significaba "morir", así que no tuve miedo. No fue hasta más tarde que me di cuenta de que mi encuentro con esta gripe mortal fue la primera vez que Dios había salvado mi vida. Gracias a Dios, sobrevivimos mi madre y yo. En diciembre nació mi hermanita y le nombraron Dora, pero su padre lo cambió a Teodora que era el nombre de su abuela. Ella nació blanquita, con ojos color café y pelo negro, pero lo más importante es que nació con buena salud.

Era el año 1919, una brillante mañana de verano, yo tenía cinco años de edad. Yo apreciaba todos los días, pero este día iba a ser aún más especial. Mi madre me despertó muy temprano y me dijo que me diera prisa a vestirme. Este día íbamos a viajar a los Estados Unidos. Yo estaba tan feliz porque íbamos a ver a mis abuelos, a mis tías y a mis tíos, y a visitar la tierra donde yo había nacido. Mi madre empacó nuestras mejores ropas y zapatos y algunos alimentos para el camino. El día que yo esperaba había llegado. Mi madre se despidió de mi padrastro al llegar el coche. El conductor me ayudó a subir y colocó la maleta. Mi madre se subió y se sentó junto a mí con mi hermana de un año de edad en su regazo. Al alejarse el coche se podía escuchar el ritmo de los cascos del caballo. Recuerdo la sensación de la brisa fresca de la mañana, que me rociaba la cara. No tenía idea de que el viaje a Texas iba a ser una gran aventura. Después de algún tiempo el conductor se detuvo en la orilla del río San Juan. Nos bajamos, y de allí podíamos divisar la estación de trenes de Los Aldamas, que estaba, por desgracia para nosotros, al otro lado del río. La única manera de llegar a la estación era cruzar a pie por un puente de ferrocarril que estaba situado sobre el río.

Dado que mi madre llevaba a mi hermanita en su brazo derecho y nuestra maleta en la izquierda, me instruyó que me agarrara firmemente de su falda. Cruzando a través del puente de ferrocarril, el espacio abierto entre las traviesas reveló el río allá abajo. Mirando hacia abajo sentí una debilidad en mi estómago y en mis piernas. Tuve que calcular cuidadosamente cada paso. Mis piernas cortas apenas podían llegar de una traviesa a la otra. Yo estaba segura de que mi pequeño cuerpo era el tamaño justo para pasar por el espacio, y que con facilidad me podría caer como flecha al río.

El río parecía decir, "Un paso en falso y te tragaré." Para añadir a mi ansiedad, mi madre decía: "¡Date prisa Beatriz! ¡Tenemos que cruzar antes de que venga el tren!" Con estas palabras empezó a latir mi corazón tan fuerte que los golpes sonaban como un tren detrás de mí. Sintiendo más ganas de parar y llorar que de seguir, me llené de valor, y me apuré lo más rápido que mis pequeñas piernas podían llevarme.

Gracias a Dios, cruzamos con seguridad. Subimos al tren de pasajeros a Reynosa, nuestra última parada en México. A partir de allí tomamos una barca de pasaje que cruzaba el Río Grande. Desembarcamos de la barca en la ciudad de Hidalgo, Texas, en los Estados Unidos. Fuimos directamente a la estación de Emigración de la Patrulla Fronteriza. Una vez allí, le hicieron algunas preguntas a mi madre, y luego me llevaron a un cuarto trasero donde había varias enfermeras de espera. Me dijeron que era necesario subir la manga y luego la enfermera me rascó el brazo izquierdo para administrar la vacuna contra la viruela. Después de esto nos dejaron ir. Desde allí tomamos un taxi hasta nuestro destino en Harlingen. El viaje había tomado un día entero, desde el amanecer hasta el atardecer. Las esquinas de cada calle de la ciudad tenían un poste de luz, yo no había visto algo tan hermoso. Estaban hechas de hierro forjado de lujo con cuatro esferas redondas en la parte superior que brillaban con la luz. Esto era tan diferente a las calles de General Bravo, donde la luna era la única luz que nos alumbraba de noche.

Al llegar a casa de mis abuelos hubo mucha alegría. Todos estaban muy felices de vernos y sentí mucho amor. Cómo me gustaba estar en los Estados Unidos. Nuestra visita a Texas terminó demasiado pronto. Estábamos tristes al tener que despedirnos de nuestros familiares, pero llegó el tiempo de regresar a México. Cruzamos de nuevo sobre el puente del río San Juan pero no fue tan alarmante ya que el conductor del carro nos acompañó y ayudó con las maletas, y mi mamá me tomó de la mano.

Cuando llegamos a casa en México, la palabra se extendió rápidamente que yo había recibido la vacuna contra la viruela. La cicatriz, que de primero era sólo una mancha roja en el brazo, ahora era ampolla llena de pus. La viruela había infectado anteriormente a nuestro pequeño pueblo. Algunos habían muerto, y todos conocían el hombre que había sobrevivido la enfermedad. En su rostro cargaba las cicatrices deformantes de las ampollas que habían cubierto su cara y su cuerpo.

Pronto después de nuestro regreso, muchas de las mujeres vinieron a rogarle a mi mamá que con la sustancia que se había formado en mi vacuna, inmunizara a sus niños. Ellos sabían que mi inoculación podría salvar las vidas de sus hijos. No sé cómo sabían que este método podría funcionar, pero sí pudo. Por lo tanto, mi madre estuvo de acuerdo y me dijo que íbamos a estar haciendo una obra muy buena para los niños. Mi madre usó una pequeña aguja, y escarbando en mi ampolla le sacaba un poco de pus. Luego, con el pus en la aguja, le rascaba hasta penetrar un poco la piel del brazo a cada niño para dejar un poco de la sustancia. Cada niño lloraba mientras se rascaba su piel.

¡Oh cuánto me dolía el brazo para cuando había sido inoculado el último niño! Mi madre me dijo que debido a lo que hicimos, los niños ahora estaban inmunizados contra esta enfermedad mortal por el resto de sus vidas. Pronto todos los niños vacunados tenían una cicatriz en su brazo. La mía se convirtió en una cicatriz excepcionalmente grande, probablemente el resultado de toda la manipulación sobre mi herida. Después reconocí que mi madre me había ofrecido como el cordero del sacrificio para la salud del pueblo, y todavía llevo la marca en mi brazo de recuerdo. Sentí una cierta satisfacción de haber participado en un hecho que era para el bienestar de los niños y consuelo de sus padres.

No sé exactamente cuándo fue, pero comencé a darme cuenta que el amor y la atención que recibía mi hermanita, eran mucho más de lo que yo recibía. Mi mamá y padrastro eran muy felices con su hija nueva. Muchas veces me sentía excluída, y en el fondo de mi corazón, yo quería saber más acerca de mi propio padre. Tenía tantas preguntas acerca de él. "¿Quién era él? ¿Cómo era su apariencia? ¿Me parecería a él? ¿Llegaría el día en que lo pudiera conocer? ¿Si lo hiciera, tendría gusto en conocerme?" Cuando yo veía a mi hermana pequeña y a otras niñas sentarse en el regazo de sus padres, o verlos darse un beso de despedida cuando iban a la escuela, me daban ganas de llorar. Mi corazón gritaba, "¿Dónde está mi padre para que yo reciba de él un abrazo o un beso?" Sabía tan poco de él. Mi madre guardaba silencio sobre todo lo concerniente a mi padre. Yo había oído que él era guapo, bien educado y muy atento. Me dijeron que estaba viviendo en algún lugar del sur de Texas y pensé, ¿por qué no ha venido a verme? Mi corazón quería saber, pero guardé todo esto dentro de mí, y por la mayor parte, no había respuestas. No fue hasta mucho más tarde en mi vida que me enteré que los parientes de mi padre hubieran querido tener parte en mi vida, pero mis abuelos no quisieron. Le advirtieron a mi mamá que si me dejaba visitarlos quizás ella no me volvería a ver.

Empecé la escuela el 27 de abril de 1919, mi quinto cumpleaños. El nombre de mi maestra era Lolita y era soltera. En aquellos días, se practicaba que las maestras no debían casarse. Inicialmente, ella no me quiso aceptar en su clase porque no admitían a los niños hasta la edad de siete años. Lolita cambió de pensar cuando mi madre me dijo que recitara el alfabeto y contara hasta veinte. Al ver mi capacidad me dejó entrar a su clase. En junio, sólo dos meses después que empecé, terminó el año escolar. Recibí mejores calificaciones que algunos de los niños que habían estado en la escuela durante todo el año. Me quedé en esta escuela tres años. Era un edificio de dos habitaciones, una para niños y otra para niñas. El patio que se usaba como la zona de juegos era grande y también dividido. El baño era una letrina. No teníamos calefactor o ventilador. Cuando hacía frío, traía mi abrigo azul que mi madre me había hecho, pero cuando hacía calor, no había manera de refrescarse. No había aire acondicionado en esos días.

Al mediodía la escuela daba un periodo de descanso de dos horas para almorzar y dormir una siesta. Durante este tiempo yo prefería hacer algo y no dormir. Al tener la oportunidad, yo me iba a la casa de Lupe Leal para jugar en el columpio que colgaba del árbol en su patio. Si llegaba a tiempo del almuerzo, podía comer con mi mamá, que siempre estaba allí de visita cocinando. En los días que me quedaba en la escuela, muchas veces no tenía que comer, así que tenía mucha hambre cuando llegaba a casa. Teníamos una cocina grande con chimenea y una parrilla, pero no había refrigeradora. En el centro, colgando del techo, estaba una cesta grande donde había pan, tortillas y fruta. La comida se guardaba alta para que las hormigas no llegaran a ella. Por lo general, cuando yo llegaba a casa no había nadie, y no tenía manera de alcanzar la cesta colgante.

Un día después de la escuela, mientras caminaba hacia casa con muchísimo hambre, se me ocurrió una gran idea. Yo había visto a mi padrastro ordeñar la leche de las cabras y estaba segura que yo podía hacerlo. Salí y capturé a una de las cabras y traté de acomodarme debajo de ella. Empezó a dar patadas, así que tomé su pierna con una mano y con la otra comencé a ordeñar la cabra. La destinación de su leche era mi boca. ¡Como es de esperar, muchos chorros de leche no alcanzaron mi boca y se perdieron, rociando mi cara, mi pelo, mi nariz, y mis ojos en su lugar! Afortunadamente, unos chorros cayeron en mi boca. Practicaba seguido, cada vez con menos resistencia de la cabra. A veces, cuando mi padrastro llegaba a casa y ordeñaba la cabra decía: "¡Esta cabra no está dando mucha leche hoy!" Pensandolo ahora, creo que debe haber sospechado algo, ya que estoy segura de que yo olía como una cabrita. Yo complementaba la dieta de mi leche de cabra con frutas silvestres que crecían en el campo. Una vez, al subir a un árbol alto para comer unas bolitas de fruta que tenía, me salió un tejón manso. Vino cerca y me arrancó mi arete de oro. Se puso a morderlo, y yo le decía, "dámelo, dámelo", pero se le cayó. Al bajar del árbol busqué mi arete, pero no lo pude encontrar. Así, aprendí a cuidarme por mí misma a los seis años de edad.

En muchas ocasiones después de la escuela me iba caminando a la casa de Lupe, sabiendo que iba a encontrar a mi madre y a mi hermana menor, Teodora, allí. Lupe no gozaba de buena salud, y mi mamá iba a cocinar la cena para ella y su familia. El correo de la ciudad se dejaba en la casa de su vecino. Por esa razón, al hombre de la casa se le dió el título de Administrador de Correos, a pesar de que no sabía leer ni escribir. Me gustaba ir a su casa para ver si había recibido alguna carta, ya que yo le escribía cartas a mi tía Severita. Un día en particular, me quedé en la casa del administrador de correo por un buen rato. Sucedió que cada vez que alguien entraba, pedía mi ayuda. Aunque sólo tenía siete años, yo podía leer lo suficiente para pronunciar las palabras fonéticamente. Un anciano entró, y me explicó que tenía hijos que vivían en los Estados Unidos, y le escribían cartas. El jefe de correos sonrió y me dió el paquete de cartas.

19

Esperaron mientras las examinaba una por una, buscando el nombre del hombre. Finalmente encontré uno que se parecía a su nombre. Cuando comencé a pronunciarlo, dijo, "Sí, sí, querida, ese es mi nombre. Por favor, ábreme la carta." Entonces él dijo:" Oh, por favor, mi querida niña, léeme la carta, ya que no sé leer."

Leí las dos primeras líneas que decían: "Esperamos que estén bien. Todos estamos bien aquí", y luego me quedé atrapada, "grrraaaciiia."

"Oh", el anciano dijo, "Gracias a Dios, es lo que dice, ¿no es así?"

"Sí, así es," dije, "Gracias a Dios."

Y sí di gracias a Dios que yo era capaz de leer para poder ayudar al administrador de correos y a sus clientes.

Cuando recibía cartas de mi tía Severita, me sentía feliz. Como yo había nacido en la casa de mis abuelos con mis tías y tíos, mi tía Severita, quien era once años mayor que yo, me quería como a una hermanita. Cuando tía Severita supo que yo podía leer, ella comenzó a escribirme concerniente mi familia en Texas, y me avisaba cuando ella pensaba venir a visitar. Cada vez que venía, sentía su amor. Ella me traía regalos como muñecas o vestidos nuevos y cintas para el cabello, y pasaba tiempo conmigo, contándome las historias bíblicas más maravillosas. Una vez me trajo una muñeca de porcelana, que era la más bella que yo había visto. Yo atesoraba esa muñeca y la cargaba por todas partes. En una ocasión una vecina me preguntó que si se la prestaba para usar como el niño Jesús en su pesebre. Ella le puso de nombre "El Niño Dios." Le dije que mi muñeca no era "El Niño Dios" y la abracé con fuerza y dije que no. No le iba dar algo que atesoraba tanto.

Ya que habían escuchado el evangelio por medio del Señor Toscano en México, mis abuelos, tías y tíos se unieron a la iglesia Metodista en la ciudad de Donna. Se había desarrollado una profunda reverencia a Dios entre mi familia en Texas. Tía Severita amaba al Señor, y ella me demostraba este amor. Durante sus visitas, ella cantaba unos himnos hermosos de Jesús que llenaban mi corazón joven con tanta esperanza y alegría. Con mucho entusiasmo me apuraba a aprender los himnos para poder cantarlos después de que ella se regresara a Texas.

1922 – Tia Severita de 19 años de edad

Las escuelas en México se cerraban cada vez que empezaban revoluciones, así que siempre había interrupciones en mi educación. Mi tía Severita podía ver que yo era inteligente y que me encantaba la escuela. También se podía ver que me desatendían en mi casa. En una de sus visitas, le dijo a mi madre que mi abuela quería que yo me fuera a vivir con ella. Abuelita quería que yo recibiera una buena educación y que también aprendiera inglés. Antes de que mi tía Severita volviera a su casa, ella me preguntó si me gustaría irme a Donna, Texas, para vivir con ellos. Mis ojos y mi corazón se iluminaron. Le respondí con un ferviente "¡Sí!" Yo quería estar con la gente que me hacía sentir amada. ¡Pero lo más importante, yo quería saber más sobre este maravilloso Jesús, cuyo amor tiraba a **las notas de mi corazón**! Tía Severita prometió volver a recogerme el año siguiente.

El año pasó y por fin llegó el día. Mi tía Severita vino por mí como lo había prometido. ¡Oh, qué feliz me sentí cuando la vi! Ella tenía un nuevo juego de ropa para mi viaje especial. Me sentí llena de emoción. Pensé de seguro que me esperaban nuevas aventuras y una nueva vida. Yo sabía que mi vida en Texas incluiría asistir a la iglesia, donde ahora yo podría cantar himnos nuevos, y leer maravillosas historias de la Biblia. Ya tenía casi los nueve años de edad y ahora podía leer muy bien el español. Estaba tan feliz que no me importaba dejar a mi familia y a mis amigas.

El día de mi salida, le regalé a mi hermanita la muñeca de porcelana que yo tanto amaba. Mi madre me preguntó si todavía quería irme, y yo le dije, "Sí," y abrazándola le dije adiós. Entre ninguna de nosotras se derramó una lágrima. En el camino fuera de la ciudad, le pregunté a mi tía si me permitía pasar por la escuela y despedirme de mis compañeros de clase, y especialmente de mi profesor. Entré a la clase y les dije a todos que me iba. Mi profesor bajó la mirada triste por un momento y luego dijo: "Dios te bendiga Beatriz." Di un saludó de adiós a todos mis compañeros y me fui. Más tarde me enteré por mi prima Cipriana, que mi profesor les había dicho entre lágrimas a los estudiantes que acababa de perder a su mejor alumna.

**Mi hermana Theodora Rutoskey
de 4 años y yo de 8 años**

Capítulo 3

Mi Familia Nueva

Instruye al niño en su camino, y aún
cuando fuere viejo no se apartará de él.

PROVERBIOS 22:6

M i vida en Texas era muy diferente. Ahora pertenecía
a una familia donde había una madre, un padre, tías,
tíos, primos y todos los que me rodeaban. Nuestra casa en
Donna era grande, pero no tenía calefacción. Durante los
meses más fríos, se acostumbraba sacar del carbón de la
estufa, llenar una bañera de tina con cenizas, y llevarla al
centro de la sala para proveer la calefacción para las mujeres.
Allí se juntaban todos los que querían sentarse a platicar.
¡Me encantaba la plática! También cantábamos himnos,
que rápidamente me aprendía. Todas las mujeres de esta
familia poseían voces hermosas que armonizaban, y para mí,
sonaban como voces celestiales. Después de las despedidas,
todos se iban a dormir, pero yo, por lo general, me quedaba
bajo la lámpara de petróleo para leer mi Biblia y memorizar
versículos y salmos. Seguí con esta costumbre por muchos

años. También usaba este tiempo para hacer la tarea de la escuela.

Durante el verano, la familia se salía a sentarse en el portal delantero para disfrutar de lo fresco de la noche, hablar sobre los acontecimientos del día, y comer nueces echando las cáscaras en las brazas. También había tradición de recitar poesías (que a mí me gustaba mucho), y de vez en cuando uno de los miembros mayores de la familia nos contaba una historia. Yo apreciaba las noches de verano y el tiempo con la familia en el portal ya que así es como aprendí de las historias familiares.

Una tarde, mi tío Librado Cantú recordó la historia de cuando la familia llegó por primera vez al estado de Texas. Siendo un joven de diez y seis años, encontró un trabajo con una empresa de construcción y se le enseñó el oficio de albañil. Ganaba cuarenta centavos al día. La ciudad de Mission estaba construyendo la primera estación de pompa de agua para la agricultura en el Valle del Río Grande. La estación tenía una chimenea de ladrillo de más de cien metros de altura, y seis metros de diámetro. Cuando esta estaba casi terminada, unos trabajadores dentro del edificio, decidieron encender la caldera, sin prestar atención al hecho de que todavía había hombres afuera terminando las últimas filas de ladrillos decorativos en la parte superior.

Mi tío con otros trabajadores estaban a la base de la chimenea cuando de repente aconteció lo increíble. Al subir las llamas por la chimenea dio explosión de fuego y los dos hombres que estaban arriba fueron arrojados y cayeron cien metros a su muerte. Un gran numero de ladrillos fueron lanzados hasta abajo con gran fuerza, matando e hiriendo a varios hombres. Fueron cuatro o cinco hombres que resultaron heridos de gravedad. ¡Entre ellos mi tío Librado! Él recibió graves heridas internas, sentía gran dolor y escupía sangre. Un médico fue llamado. Examinó a los heridos, y dijo que no había esperanza para ellos. Él decidió darles morfina para calmar el dolor y que pudieran morir en paz. Sus instrucciones eran de no alimentar o darles agua. Mi abuela, mamá Severita, no estaba dispuesta a perder la esperanza de que su hijo iba a vivir, y no dejó que el médico le administrara ninguna droga. Tío Librado, en su agonía, pidió agua. Desobedeciendo las órdenes del doctor, mamá Severita le dió agua para beber.

A la mañana siguiente los hombres que habían recibido la droga estaban muertos, pero gracias a Dios y a la fe de mi abuela, el tío Librado fue el único que sobrevivió. ¡Fue un milagro! Cuando el médico llegó y lo vió aliviado, dijo: "Este hombre yo lo sano," y le quiso dar medicina. Mamá Severita la rechazó, ya que estaba claro que el Señor, y no la medicina, lo había librado de la muerte. No sólo lo sanó Dios, pero vivió sesenta años más después del accidente.

La chimenea todavía está en pie y ha sido reconocida como un sitio histórico. El accidente sin embargo, nunca fue registrado, ya que los libros de la historia del estado de Texas dicen que es un "misterio" de por qué la fila de ladrillos decorativos nunca fue terminada. Talvez fue porque los accidentes de los trabajadores hispanos no fueron considerados lo suficientemente importantes para ser documentados. Los trabajadores emigrantes no sabían inglés para defender sus derechos y recibir alguna indemnización.

No mucho tiempo después de llegar a Texas, empecé a ir a la iglesia Metodista de habla hispana. Mi profesora de escuela dominical, Eustacia Escobar, pronto descubrió que yo fácilmente podía aprender poesías largas y los salmos de memoria. Ella me dió las piezas largas en las obras de la escuela dominical en la época de Navidad y en los otros días de fiesta. Había premios para el niño que leyera la mayoría de los capítulos de la Biblia. Como yo había aprendido a leer español en la escuela en México, leía con facilidad la lectura en español, y por esto yo leía más que los demás. No sólo eso, sino que también tenía un gran deseo de leer la Biblia todos los días. Yo estaba especialmente contenta de participar en actividades de la iglesia y esperaba con entusiasmo que llegaran los domingos.

No eran pocas las numerosas demandas en la vida de mi abuela, mamá Serverita, pero ella siempre tenía tiempo para mí y siempre me hizo sentirme como si yo tuviera un lugar especial en su corazón. Ella me hizo sentir valorada y buscaba cómo desarrollar los talentos que Dios me había dado, e hizo todo lo posible por ayudarme a sobresalir. Mi abuela estaba a cargo de la comisión de "Caridad y Ayuda" en la iglesia Metodista. Queriendo mantenerme ocupada, ella me llevaba a las reuniones de la Sociedad Femenil. Aprendí cómo se organizaban sus grupos. El servicio de la Comisión de Caridad y Ayuda, era de ir a visitar a los enfermos o necesitados. Ella me contrató como su compañera.

Recuerdo haber visitado a alguien con fiebre tifoidea y también a un vecino que tenía tuberculosis. Dado que los médicos no sabían español, fui muy útil como intérprete. A los nueve años, yo todavía no reconocía el valor de ser bilingüe. También desarrollé la compasión, y cuando descubría que alguien en el pueblo estaba enfermo, yo le decía a mi abuela para que pudiéramos ir a ayudarlos. El Señor nos mantuvo fuertes y nunca se rindió nuestro cuerpo ante estas enfermedades contagiosas. Yo creo que Dios me estaba preparando a una edad temprana con las habilidades de liderazgo que fueron tan útiles para mí en el futuro en mi vida cristiana.

Como miembro nuevo de mi familia de Texas me tocaba compartir las tareas diarias. Ir a buscar la leche del día de una granja lejana era un trabajo que nadie quería. Me dijeron que era mi turno hacerlo. Dos veces al día, una por la mañana y otra por la tarde, se iba por la leche. No se me hacía difícil ir por la tarde, pero ir por la mañana me parecía desagradable. Como yo no quería llegar tarde a la escuela, tenía que levantarme a las cinco de la mañana e irme directamente a la granja lechera. Ahora que lo pienso, me doy cuenta que esto era mucho que pedir de una niña de nueve años. A pesar de que a veces me daba miedo ir sola, me acuerdo que me consolaba en repetir un versículo de la Biblia (Salmo 34 verso 7), que había aprendido en la escuela dominical. "El ángel de Jehová acampa alrededor de los que le temen y los libra." Mientras caminaba a lo largo del borde del canal, recuerdo siempre haber dejado suficiente espacio para que el ángel me acompañara alrededor.

Con el fin de llegar a la granja de leche, tenía que cruzar el canal que era de unos cuarenta o cincuenta pies de ancho. El puente de cruzar era un tablón de madera de un pie de ancho. Esta mañana en particular, salí temprano con mi balde en la mano. Caminé a lo largo del canal y luego crucé el puente. La mayor parte del tiempo, llegaba a la casa del vendedor de leche antes de sus otros clientes. El Sr. Bailey iba a ordeñar las vacas y luego llenaba mi balde. Él me había dicho que podía comer de la fruta de los árboles en su propiedad. Así que este día, mientras él ordeñaba las vacas, me subí al árbol de morera y desayuné moras. Estaban tan deliciosas, que no me importó que mis labios y lengua se me habían pintado de color morado. Eso se podría remediar con tomar un vaso de leche al llegar a casa. Le pagué y le di las gracias al Sr. Bailey, y me encaminé a casa. Llegué al puente estrecho, y como de costumbre, tomé bien el asa del balde tratando de no derramar la leche y mantener mi equilibrio. Llegando a la mitad del canal, (que tenía como siete pies de hondo), perdí pisada en el tablón y con el peso de la leche me caí como una tonelada de ladrillos en el agua.

Hasta abajo me fui. El balde de leche fue reemplazado con agua, y en unos segundos mis pies tocaron el fondo fangoso. En ese momento recordé lo que mi madre me había dicho, "Si alguna vez te hundes en el canal, cuando toques la parte inferior, date un brinco para arriba. Al salir, toma un resuello, y oprime la nariz al volver a bajar." Eso fue exactamente lo que hice. Por último, y después de varios brincos, me empujé hacia la parte baja, donde mi cabeza estaba encima del agua. Durante todo este episodio, nunca solté el balde, que ahora estaba lleno de agua que utilicé para lavar mis zapatos embarrados de lodo. Llegue a casa asustada, temblando y empapada, pero había salvado el balde, y aún más importante, el ángel del Señor me había salvado a mí. Después de este acontecimiento, mi abuelo, papá Benjamín, fue a buscar la leche de la mañana, y yo sólo tenía que hacerlo por la tarde. "Todas las cosas abundan a bien a aquellos que aman a Dios." Romanos 8:28.

Mis abuelos eran gente muy compasiva. A pesar de que todavía tenían cinco hijos en casa, habían recogido a mi primo Arcadio y a mí con ellos. Arcadio era un huérfano y sólo tres meses más joven que yo. Éramos nueve en la casa: mi abuelo y abuela, cinco de sus propios hijos (que todavía permanecían en casa), el menor siendo Benjamín (Bene). Tío Bene sólo era catorce meses mayor que yo y siempre consideré a Arcadio y a Bene más como hermanos que como primos.

**1928 - Denielito Cantu, Mama Severita,
Benjamin Jr. y Papa Benjamin.**

Recién llegada a Texas, mi abuelo estaba trabajando como labrador para un hombre judío. Un día el jefe llamó a mi abuelo y le dijo: "Este pequeño caballito tiene que morir." Cuando mi abuelo le preguntó por qué, su jefe relató cómo su hijo de ocho meses de edad, se había arrastrado por la puerta trasera donde estaba el caballito atado. De alguna manera la cuerda del animalito se había enredado alrededor del cuello de su hijo, asfixiándolo hasta la muerte. De acuerdo con sus creencias judías, cualquier animal que mata a una persona tiene que morir. Dijo: "No quiero matarlo, pero tengo que hacerlo." Mi abuelo pudo ver que su jefe estaba muy angustiado por la situación, y se ofreció a hacerse cargo del asunto. Al traerlo a la casa, nuestra familia entera se enamoró de él. Él era un caballito de color marrón castaño con un resplandor en la frente y las cuatro patas blancas. Al ver nuestra alegría, y sabiendo que era un animal valioso, mi abuelo, igual que su jefe, no pudo terminar la vida de este pequeño caballito. Le nombramos 'Pony.'

Arcadio mi primo y yo nos alternábamos para cuidarlo. Pronto creció Pony lo suficientemente para montar y llevarlo a los campos a comer hierba. Un día mi amiga Rosa estaba conmigo, y ella quería montar a Pony. Se subió a la espalda e inmediatamente Pony se inclinó hacia adelante, bajó las patas delanteras y desmontó a Rosa, directamente en la zanja cubierta de hierba. No se lastimó Rosa, pero ella no quería tratar de montarlo de nuevo. Pony sabía a quién quería en su lomo, y no era a Rosa. Pony se convirtió en un hermoso caballo, y finalmente mi abuelo lo vendió por un buen precio. Habíamos salvado el caballito, sin saber la bendición que sería para la familia.

Mi madre, Paula, venía a visitarnos una vez al año. Sus visitas de verano normalmente eran de varias semanas. Recuerdo un verano, cuando yo tenía unos diez años, mi madre y otros miembros de la familia encontraron trabajo en los campos de algodón. Se llevaron a mi primo Arcadio y a mí con ellos por no dejarnos solos en casa. Aún siendo jóvenes, podíamos pizcar algodón.

Era temprano por la mañana y cada uno estaba asignado a sus filas. Até un saco alrededor de mi cintura y comencé a recoger el algodón. Después de un rato, me sentí muy cómoda con la rutina. En un momento dado, fui a coger la bola de algodón, y algo se me hizo extraño. Al examinarlo más de cerca, vi la cabeza de una serpiente de cascabel grande escondida debajo de la bola de algodón. Su cuerpo largo estaba enroscado en el suelo. Me quedé inmóvil por un momento, pero en vez de gritar, me desaté el saco suavemente y lo puse en el suelo para marcar el lugar. Entonces me alejé en silencio. Cuando sentí que me había ido lo suficientemente lejos, salí corriendo como un ciervo a decirle a mi abuelo. Llegué, y tartamudeando varios segundos, en fin dijo mi abuelo, "¡¿Qué te pasa hija, qué ha acontecido?!"

"Una, Una, Una. ¡Una serpiente, una serpiente!", dije finalmente. Mi abuelo corrió hacia el vagón y tomó el palo que era el guía con que dirigía los caballos. Salió corriendo buscando el saco que yo había dejado tirado. Estaba tan agradecido de que había marcado el lugar. La serpiente todavía estaba allí. Mi abuelo la golpeó en la cabeza y la prendió en el suelo con el palo. Frenéticamente, la serpiente azotaba su cuerpo de lado a lado. Recuerdo haber oído el cascabel hacer un ruido fuerte, pero mi abuelo mantuvo el palo firmemente sobre la cabeza hasta matarla. Después de que él la mató, extendieron la serpiente. La midieron y tenía como cuatro pies de largo. Todos en el campo vinieron a verla. Mi primo Arcadio, que había visto todo, estaba muy emocionado, y le pidió el cascabel a mi abuelo. Él se lo cortó y se lo dió. Arcadio estaba tan orgulloso del cascabel, y aprovechaba cualquier oportunidad para decirle a quien quisiera escuchar, la historia de la serpiente que podría haber matado a Beatriz.

Después de la temporada de cosecha y antes de regresar a México, mi madre compraba alguna ropa nueva para ella, mi media hermana, y para mí. Yo estaba feliz de ver a mi madre cuando venía, pero había algo que nos impedía pasar mucho tiempo juntas. Madre fumaba mucho, y nunca pude tolerar el humo. La mayoría de las veces, no podía estar en el mismo cuarto con ella mientras estaba fumando. Yo le pedía que dejara de fumar, pero no quería.

Durante los años que viví yo en Texas, mi madre se hizo muy conocida en su pequeña ciudad de General

Bravo, México. Ella era muy amiga de Doña Felicitas, quien era la partera, y por eso Mamá siempre sabía quién estaba embarazada. Normalmente, cuando llegaba el momento que una de las mujeres iba dar a luz, mi madre estaba allí para ayudar. Ella se convirtió en una gran ayuda para Felicitas, observando y aprendiendo todos los pasos necesarios para lograr un nacimiento exitoso. Cuando Felicitas murió, mi madre se convirtió en la nueva partera. En sus cuarenta años de servicio a las mujeres del pueblo General Bravo, nunca perdió un hijo o la madre. Eso se debía a que, si detectaba alguna anomalía, enviaba a las mujeres a China (que era el nombre de la ciudad vecina) y donde el médico vivía y tenía su clínica.

Cuando yo tenía unos once años, mi tía Severita, quien era la pianista de la iglesia, empezó a darme lecciones de piano después de la escuela dominical. Ella me enseñó la teoría y cómo leer las notas. Poco después, se casó con Longino Maldonado, y se mudaron a un rancho fuera de la ciudad. Después de que se fue ella, la sociedad femenil de la iglesia me dijo que tenían algunos fondos y que habían propuesto pagar mis lecciones semanales. Mi maestra sería la profesora de piano que enseñaba en la escuela. Me dieron una llave de la iglesia para poder entrar y practicar todo lo que quería. Me encantaba el piano, y yo nunca soñé que una cosa tan maravillosa me podría suceder. Dios había abierto un camino para tener clases privadas de música. ¡Me llené de alegría!

Después de un mes de lecciones, las damas con tristeza me dijeron que no podían seguir pagando las clases. Cuando le dije a mi maestra me preguntó: "¿Su abuela estará dispuesta a hacer mi lavada de ropa, a cambio de sus lecciones de piano?" Mi abuela estuvo de acuerdo y por supuesto, continué. ¡Cuando mi profesora vió el entusiasmo que tenía, ella decidió darme cinco clases a la semana en vez de una!

Me iba a la iglesia después de mi clase a practicar. Yo abría el himnario y buscaba un himno que utilizara las nuevas notas que yo había aprendido ese día, y entonces yo practicaba ese himno toda la semana. Al llegar el domingo, el ministro decía: "Por favor, pónganse de pie, y vamos a cantar el himno que Beatriz aprendió a tocar esta semana." Estaba tan feliz de poder ayudar de esta manera. Mi abuela siempre se sentaba en la primera fila cerca del piano y estaba muy orgullosa de ver mi progreso. Con el tiempo encontraron una pianista con más experiencia para tocar el domingo por la mañana. Con sólo tres meses de lecciones me convertí en la pianista de la iglesia de entre semana. Yo tomé esta responsabilidad alegremente. Me sentí privilegiada de usar mi talento musical para adorar a Dios. Luego a la edad de catorce años, me pidieron que enseñara la clase primaria de la escuela dominical. Aprendí a tocar himnos nuevos de los niños y seriamente estudiaba la Biblia. Esta fue mi primera responsabilidad de servicio al Señor, y yo estaba feliz de hacerlo libremente. Para mí fue un privilegio.

Los domingos en casa de mis abuelos eran especialmente divertidos para mí. Los familiares se reunían en nuestra casa para el almuerzo después de la escuela dominical. Venían mis tías y tíos, y entre ellos mi tía Severita y su marido. Ahora ella tenía dos hijos, mis primos Severita, y Samuel, y siempre era maravilloso verlos. Por lo general teníamos cerca de diecisiete personas en la mesa. Puesto que no teníamos agua corriente, íbamos al canal con baldes para traer el agua de tomar. El agua en el canal venía del Río Grande. Dado que el agua estaba turbia, teníamos que dejarla reposar hasta que todos los sedimentos se asentaran en el fondo de los baldes. El año pasado, en sus últimos días de vida, a la edad de noventa y cuatro, Arcadio mi primo me dijo en tono de broma: "Hemos vivido una larga vida Beatriz. ¡Creo que fue por toda esa agua turbia que bebíamos del canal!"

Cuando yo tenía quince años, fui con mi tío Bene a visitar a mi madre en General Bravo. Esta fue la primera vez que había vuelto desde que tenía nueve años de edad. Mi madre y mi padrastro ahora vivían en su casa nueva y se alegraron de vernos. Fuimos con mi padrastro de vacación a Monterrey, México, donde yo nunca había visitado antes. A medida que fui creciendo me iba sola a visitar a mi madre cada vez que tenía la oportunidad. Cada vez que me iba, visitaba el rancho de tío Librado, que era una caminata de dos millas de la casa de mi madre. Años después en una de esas visitas me llevé a mi prima Estela, hija de mi tía Severita. Estábamos disfrutando de nuestra visita con el tío Librado y su esposa Jesusita y se nos pasó el tiempo rápidamente. No fue hasta que vi el autobús pasar el rancho que me di cuenta de que íbamos a perder el autobús de vuelta a Texas. Sabía que el autobús haría una parada de media hora en la estación que tenía restaurante en Bravo y allí podíamos tomar el autobús.

Como me gustaba montar a caballo, yo sabía que apurándome podía llegar a la casa de mi madre con tiempo para recoger las maletas, despedirme cariñosamente de todos, e irme a galope hasta la parada del autobús que estaba otra milla de distancia. Mi tía Adela y su esposo Maclovio, vivían al lado de mi tío Librado, y tenían dos caballos. Le pregunté si podía llevarme el caballo más rápido. Mi tío Maclovio dijo: "Bien. Llévatelo y me lo dejas atado en la estación de autobuses y subiré más tarde a recogerlo." Apresuradamente, asenté el caballo, me subí con un salto, y puse a mi prima Estela detrás de mí. Le dije que me abrazara con fuerza. Al acelerar el ritmo, estaba claro que la silla no había sido asegurada suficientemente. Cada galopada nos hacía caer de lado a lado. Estela comenzó a dar unos gritos que retumbaban en el cañón. Yo traté de detener al caballo, pero él no quiso obedecer. Tal vez los gritos lo estaban espantando. Finalmente lo pude controlar lo suficientemente como para saltar de él y detenerlo. Ahora con cuidado apreté la silla de montar correctamente. Si algo le hubiera sucedido a Estela, yo nunca me hubiera perdonado. Yo la quería como a una hermanita y me sentía responsable de ella. No me di cuenta entonces, pero yo estaba devolviendo el amor a Estela, la hija de mi tía Severita, que ella me había dado a mí. Gracias a Dios, llegamos seguras y a tiempo para tomar el autobús de regreso a casa.

Capítulo 4

El Valor de Dos Idiomas

Porque yo sé los pensamientos que
tengo acerca de vosotros, dice Jehová,
pensamientos de paz, y no de mal, para
daros el fin que esperáis.

JEREMÍAS 29:11

Lo primero que hicieron mis abuelos cuando llegué a
Texas fue inscribirme en la escuela pública. En ese
primer año, terminé dos grados, jardín de infantes y primer
grado. En México, la matemática era mi tema favorito.
Como yo ya había completado el tercer grado en México,
yo ya sabía más matemática de lo que se enseñaba en Texas
en el primer grado. Comencé en la escuela primaria en el
este de Donna, que era donde vivía la mayor parte de la
comunidad de habla hispana. Esta escuela sólo subía hasta
el tercer grado.

En el tercer grado fui elegida secretaria de la clase,
y mi mejor amiga Consuelo, presidenta. Consuelo y yo
queríamos hacer algo divertido para todos los estudiantes,

así que teníamos reuniones semanales para planificar un programa. Seleccionábamos compañeros de clase para que participaran en las obras y practicaran con nosotros. Se presentaba un programa todos los viernes y nos divertíamos mucho.

Después de haber terminado el tercer grado, me trasladé a la escuela secundaria en el centro de Donna. Debido a que estaba muy lejos, cerca de la mitad de los niños hispanos ya no continuaban con su educación. En esta escuela la mayoría eran estudiantes de habla inglesa. Para entonces, yo ya era capaz para comunicarme en inglés. No había transporte a las escuelas, así que yo caminaba dos millas. Como yo era amante de la enseñanza, para mí no importaba lo lejos que tuviera que caminar. Allí estudie desde el cuarto al octavo grado. En esta escuela tuve varios profesores que me gustaban mucho. Sin embargo, había una que no me era agradable. Su nombre era Sra. Powell. Muchos de los niños mexicano-americanos sentían como si ella no se preocupara por nosotros. Un día durante el almuerzo se acercó a mí diciendo: "Beatriz, veo que no participas en la clase." Ella se estaba refiriendo a mi clase de declamación o sea clase del discurso público.

"Eso es porque usted no aprecia a los mexicanos y sólo se preocupa de llamar a los niños anglo-americanos", le dije con valentía.

"¿Quién te dijo que yo no los aprecio?" me preguntó.

"Nadie tiene que decirme. Todos lo podemos ver," le respondí.

Creo que fue la primera vez que alguien le dijo esto. A partir de entonces, su actitud hacia mí y hacia el resto de los estudiantes mexicano-americanos cambió. Siempre me llamaba y a veces hasta me daba preferencia. Los niños en la clase me empezaron a llamar la "consentida." Llegué a creer que la Señora Powell realmente nos amaba a los de habla hispana, y se convirtió en una de mis maestras favoritas.

Durante ese año, la declamación fue mi clase preferida. Aprendí muchas poesías y las presenté en la clase. Tuvimos un programa en el gran auditorio de la escuela secundaria, y fui seleccionada para recitar una poesía. Todo el pueblo había sido invitado. Para la ocasión, mi abuelo personalmente me había comprado una tela hermosa. Parecía de seda. Dijo que como yo era una buena costurera, me podía hacer un vestido nuevo para mi presentación. El material era de un color durazno pálido muy bonito. Todavía recuerdo qué lindo salió mi vestido y lo bien que me quedó. La noche de el programa, presenté la poesía de Edgar A. Guest, "Ser valiente en la noche." Fue el mejor momento de mis días de declamación. Incluso ahora, a la edad de noventa y seis, todavía la puedo recitar.

Después de haber recitado la poesía, el público aplaudió, y tuve la maravillosa sensación de saber que yo había hecho algo muy bien. Más tarde, la gente me dijo que yo había tenido un gran éxito esa noche con mi recitación. Pude utilizar todos los ademanes y la variedad vocal que me enseñó mi madre cuando yo era pequeña. Desde entonces, he amado la poesía y la oratoria.

Durante mis años escolares, mamá Severita trabajó lavando la ropa de una de las damas de la ciudad. Esta señora me habló un día que llegué para caminar a casa con mi abuela. Ella dijo: "Tu abuela es india Cherokee de Oklahoma, ¿no?

"No, mi abuela es mexicana", respondí.

"No, ella es india", insistió, "yo conozco los indios Cherokee muy bien, y ella es una Cherokee. Puedo saberlo por sus facciones."

Un día cuando le mencioné esta conversación a mi abuela, me reveló algo muy interesante tocante a la historia de la familia. Me dijo "Beatriz, realmente mi apellido no es Rodríguez. El verdadero apellido de mi abuelo era Rutledge. Mi abuelo era un indio Cherokee de Oklahoma llamado Juan Bautista Rutledge. Cuando tenía doce años, dejó su pueblo en Oklahoma y viajó hacia el sur. Viajó más de 800 millas y durante su peregrinación, cazaba con su arco y flecha para comer. Cuando llegó a México, ya era un hombre joven. Dado que su apellido era desconocido por los lugareños, y difícil de pronunciar en español, lo cambió a Rodríguez. En General Bravo, conoció y se casó con Angélica Quintanilla (de ascendencia española) y tuvieron seis hijos." Así fue como me enteré de esta historia que parece que sólo me la dijo a mí.

Mi abuela ganaba un dólar a la semana por lavar ropa. Ella nos daba a Arcadio y a mí cincuenta centavos a la semana para comprar comida en la escuela. En esos días una hamburguesa costaba cinco centavos, e igual por un vaso de leche. Después de un tiempo, me cansé de hamburguesas. Decidí caminar hasta el centro de Donna (unas cinco cuadras de la escuela), cerca de donde trabajaba mi tía Severita. Había una panadería cercana, donde yo había visto algunos pequeños pasteles deliciosos. Al entrar, el panadero salió, me miró y preguntó: "¿Qué quieres niña?" Aunque yo tenía catorce años, parecía más joven.

"¿Cuánto es el pastel?" le pregunté.

Él respondió "¿Cuál quieres?" Estudié mis opciones. Había de manzana, pasas, y nueces. Yo nunca había probado un pastel de nuez, pero me gustó cómo se veía. Elegí el de nuez. El panadero me preguntó: "¿Cuánto dinero tienes?"

Abrí mi mano y le mostré mi moneda de diez centavos. Él dijo: "Usted puede tener un pastel por esa moneda." Salí a la calle y me comí todo el pastel. ¡Que delicioso! A pesar de que era tan dulce ¡no me hizo daño!

Ese día decidí que yo caminaría hasta la panadería para comer un pastel tan a menudo como pudiera.

En cada visita el panadero me hacía la misma pregunta, "¿Cuál quieres Beatriz?" A veces yo elegía el de manzana y de vez en cuando el de pasas, pero mi favorito era el de nuez. "¿Cuánto tienes?" La cantidad en mi mano era siempre la misma y todos los pasteles siempre costaban diez centavos. Al menos para mí eso era lo que me cobraba. Nunca le dije a nadie que eso era todo lo que comía para el almuerzo. Un día, mi abuelo trajo a casa algunas nueces. Porque me gustaba tanto el pastel de nuez, planté unas semillas. Una de ellas creció y se convirtió en un hermoso nogal que todavía crece en el centro de Donna.

En mi camino a la panadería, pasé una de las tiendas y me fijé que en la ventana había una sección reservada para exhibir los trabajos de los estudiantes sobresalientes de mi escuela. Yo había escrito un ensayo sobre "Prevención de Incendios", que había recibido una calificación alta, y allí estaba. A través de los años, varios de mis papeles, y una pintura premiada de colcha también fueron mostradas. Me sentí tan honrada de ver mi trabajo cada vez que pasaba por esta vitrina del centro.

Era el verano de 1928. Yo tenía catorce años y estaba en el octavo grado cuando hubo una recesión económica. Los trabajos eran escasos, especialmente para los agricultores. De los ocho que estábamos en casa, nadie podía encontrar un trabajo estable. Yo había oído que la Fábrica Dunn Canning estaba ocupando trabajadores, así que fui a hacer una solicitud de empleo.

Mientras esperaba en la oficina para una entrevista, llegó un camión cargado de tomates. El conductor comenzó a hablar con la Señora Dunn dueña de la fábrica de conservas, y una viuda judía. Ella me vió en la oficina y me preguntó

"¿Entiendes lo que está diciendo este hombre? Yo no hablo español."

"¡Sí, yo puedo interpretarle lo que él dice!" le dije. Para entonces yo hablaba los dos idiomas con fluidez. Yo también sabía leer y escribir en español, me hice verdaderamente bilingüe.

"Ven aquí", me dijo, "Dile que tendrá que escribir su nombre y número de placa. Primero vamos a pesar su camión cargado, y enseguida a descargar los tomates y pesar el camión de nuevo. Al final, vamos a calcular y pagarle por el peso actual de los tomates." Le di al conductor las instrucciones traduciendo todo lo que la señora Dunn me había dicho. Porque me gustaba la matemática, pude calcular rápidamente en mi cabeza la cantidad que se le debía pagar al conductor, y la señora Dunn se quedó impresionada. Cómo me sorprendí, cuando me fijé que había una larga fila de camiones llenos de tomates esperando ser pesados. Por lo tanto, me quedé y le ayudé hasta que el último camión se alejó. ¡Fui contratada para este trabajo sin entrevista!

En poco tiempo, la señora Dunn me entrenó para una nueva posición. Mi siguiente trabajo fue supervisar a las señoras que estaban pelando los tomates escaldados. ¡Recuerdo ver las ampollas en sus manos! En aquellos días no usaban guantes de protección. Yo tenía que asegurarme de que todos los tomates se pelaran por completo. Las señoras me llamaban, "Mayordoma, aquí está mi balde." Entonces yo llamaba a uno de los hombres para que llevara los baldes a la siguiente estación, donde se conservaban. La señora Dunn me daba una bolsa llena de monedas de cinco centavos todos los días. Yo les pagaba un níquel por cada cubeta llena y luego les daba una vacía. La compañía Dunn ayudó a muchas mujeres a suplir las necesidades de sus familias. La mayoría de las mujeres podían ganar hasta un dólar por día. Un dólar en esos días alcanzaba a comprar suficientes alimentos para una familia de cuatro por una semana entera.

La señora Dunn también me pidió que supervisara el área donde se enlataban los tomates. Cada lata tenía que ser empacada a mano. Después de que las latas estaban llenas, se colocaban en los transportadores donde recibían las tapas y etiquetas. Por último, eran envasadas en cajas y preparadas para su envío. Mi trabajo consistía en ir de una estación a otra supervisando a los trabajadores de la fábrica. Por las funciones de un supervisor de planta, sólo me pagaba diez centavos por hora. Yo trabajaba doce horas al día para recibir un dólar y veinte centavos. Nunca pedí un aumento, aunque yo creo que ella me lo hubiera dado porque estaba muy contenta con mi trabajo. ¡Yo estaba agradecida que no tenía que ampollar mis manos pelando los tomates en agua ardiente! Aunque mi sueldo era modesto, la señora Dunn de vez en cuando me daba regalos. Una vez me dió un hermoso vestido estampado rojo y blanco.

Un día la señora Dunn tomó una foto de todos los empleados y me colocó en el centro del grupo, justo a su lado. Cuando ella me mostró la foto me dijo "Qué bien te ves de pie junto a mí. Creo que sería muy bueno si te casarías con mi hijo Ezzel." Yo cortésmente rechacé su oferta. A pesar de que su hijo estaba muy guapo, esto no me importaba. Ni siquiera puse atención al hecho de que eran muy ricos. Esta fue mi primera oportunidad de matrimonio, pero yo todavía no estaba pensando en eso.

Trabajé en la fábrica de conservas dos veranos, durante mis últimos años escolares. Les daba mi sueldo entero a mis abuelos porque yo era la única que tenía un trabajo estable. Estos fueron tiempos difíciles, y éramos una familia grande. También obtuve un segundo empleo como vendedora en una tienda de variedades (propiedad de Vicente Yánez) los sábados a partir de la una de la tarde hasta las diez de la noche. Después del trabajo mi abuelo venía a la tienda para acompañarme a la casa. Ganaba un dólar y cincuenta centavos por día en este trabajo; estas ganancias las usaba para mis necesidades.

Con mi dinero me podía comprar zapatos tenis por veinte y cinco centavos, o un par de zapatos de charol de vestir por un dólar y cincuenta centavos. También me podía comprar tela por cinco centavos la yarda. Podía hacerme un vestido entero por quince centavos. El domingo por la tarde lo utilizaba para coser. Mi tía Severita me había enseñado a coser cuando yo tenía diez años. Utilicé esta habilidad para hacer ropa para mi abuela, primas, tías, y muchos otros. Una vez mi tía abuela Angelita, hermana menor de Mamá Severita caminó cuatro millas desde Álamo, Texas, para que yo le hiciera un vestido nuevo. Terminé el vestido en una tarde y se fue a casa encantada. Ella me dijo que no podía encontrar a nadie que le hiciera un vestido que le quedara tan bien como el primero que yo le había hecho. Después de que me casé también hacía vestidos para mi suegra Mamá Luz. Había gente que ofrecía pagarme para hacerles vestidos.

Durante estos años la economía estaba empeorando, pero la mayoría de la gente practicaba el reciclaje. Por ejemplo, ya era costumbre de usar las bolsas de grano desocupadas para hacer ropa de trabajo. Con el tiempo, las compañías reconocieron una estrategia de mercadeo para vender sus productos y comenzaron a usar una variedad de telas de algodón con muchos colores para los sacos de harina, arroz, frijoles, azucar, y sal. Las telas eran de florecita o diseños muy atractivos, y las mujeres que hacían colchas seleccionaban cual marca de harina compraban basadas en el tejido del saco. Yo usaba la tela para hacer vestidos.

Soñando que algún día tendría mis propias hijas, empecé a coser vestidos de niña. Cuando iba a las tiendas me fijaba en los vestidos y obtenía ideas para hacer mis propias creaciones. Cuando mis familiares o conocidos daban a luz a una niña, mi regalo siempre era un vestidito diseñado por mi mano. Adornaba los vestidos bellamente con listones y encaje que sólo costaban un centavo por yarda. Cuando tuve mis propias hijas, fue mi deleite hacerles sus vestiditos. Ahora la costura es una tradición en la familia. Mis hijas también saben de costura. Ahora que tengo noventa y seis años, nadie puede hacerme vestidos que me queden tan perfectos como los que me hace mi hija Alicia.

Los tiempos siguieron empeorando y pronto nos encontramos viviendo en lo que después se llamaría la "Gran Depresión." Lloré el día que mi familia me dijo que tenía que abandonar la escuela para conseguir un trabajo de tiempo entero. Me encantaba la escuela, y con todo mi corazón yo quería graduarme. Pero muy pocos tuvimos la oportunidad de hacerlo. Menos de una cuarta parte de los jóvenes en mi escuela se graduaron, y el número de niñas que terminaron era aún más pequeño. A pesar de que tuve que abandonar la escuela cuando yo tenía dieciséis años, continué mi devoción al estudio de la palabra de Dios.

Capítulo 5

Su Espíritu Consolador

Más recibiréis poder, cuando haya venido
sobre vosotros el Espíritu Santo, y me
seréis testigos, hasta el fin de la tierra.

HECHOS 1:8

Cuando tenía unos dieciséis años, nos enteramos de que
los "pentecostales" o "aleluyas", tal como se les llamaba
en forma burlona, habían llegado a Donna. José Guerra fue
uno de los nuevos conversos que habían venido con Earl y
Betsy Carter para evangelizar. Con la esperanza de anunciar
el Evangelio, se reunían por la noche en el jardín de la
familia Zúñiga para que los vecinos y caminantes pudieran
escuchar. Teníamos curiosidad por saber de qué se trataba
este grupo. En una ocasión, el tío Bene y su amigo Raúl
Vera, que eran adolescentes, decidieron gastar una broma a
los adoradores ruidosos, a quienes consideraban irreverentes.
Nuestra forma habitual de culto en la iglesia Metodista
era con mucha reverencia y silencio. Estos pentecostales
alababan a Dios en voz alta, y cuando oraban, hablaban en

"lenguas" que no se podían entender. El plan era que Raúl tumbara la mesa con la lámpara durante la oración, y Bene a su vez prendería el agua de la manguera para mandar lluvia sobre ellos. El plan no tuvo ningún éxito. La manguera no alcanzó y apenas salpicó a los fieles. No queriendo quedar atrapados, abandonaron el complot y broma.

José Guerra era un pariente lejano, e invitó a nuestra familia a las reuniones evangelísticas. Tío Bene ahora tenía más curiosidad con respeto al grupo y se fue a la reunión. La próxima vez, me invitó a mí y a mi abuela. Durante la reunión alguien empezó a hablar en "lenguas." Se me quedó una de las palabras que yo había oído que era, "Tekel." Cuando llegué a casa, les dije a todos que yo podía hablar en lenguas también. Así que levanté las mano y salté por ahí diciendo "¡Tekél, Tekél, Tekél!" imitando a la mujer. El domingo siguiente, nos fuimos todos a la iglesia Metodista. El predicador abrió la Biblia en el libro de Daniel 5:27. Su sermón fue acerca de la escritura en la pared. Las palabras que fueron inscritas: "Mené, Mené, Tekél, y Upharsin." Él predicó sobre la palabra "Tekél", que interpretado quiere decir: "Has sido pesado en la balanza y hallado falto." ¡Qué vergüenza sentí por haberme burlado de la mujer! Dios había hablado directamente a mí corazón, y yo tomé sus palabras en serio.

Continuamos asistiendo a la iglesia Metodista, y también de vez en cuando visitábamos las reuniones de hogares Pentecostales. Unos dos años más tarde, tío Bene anunció que se iba de casa para encontrar trabajo en algún lugar del oeste de Texas. Antes de salir de la ciudad se fue a la reunión Pentecostal para despedirse y pedir la oración. Al estar orando esa noche fue bautizado en el Espíritu Santo y habló en lenguas. Él continuó orando hasta que el ministro le dijo que ya era la una de la mañana y todos se habían ido y él también debería hacerlo. Tío Bene le dijo que no se quería ir, si esta alegría que sentía lo dejaría. El ministro le dijo que no se iría. Él regresó a casa muy tarde (a las tres de la mañana), despertó a todos anunciando que él era el hombre más feliz del mundo porque él había sido bautizado en el Espíritu Santo. Mi abuelo protestó: "Esos Pentecostales no saben cómo adorar a Dios. Lo único que hacen es gritar Aleluya." Todos en la casa le dijeron a Bene que se tranquilizara y se fuera a dormir.

No mucho después, cuando yo tenía diecinueve años, el ministro metodista, el reverendo Benito, durante la escuela dominical tomó la enseñanza del libro de los Hechos, capítulo dos. Explicó que el hablar en lenguas era la manifestación del Espíritu Santo para los primeros cristianos, y no se aplicaba a este tiempo. Mi tío tomó la palabra y explicó cómo él había recibido el Espíritu Santo por él hablar en lenguas, y ahora entendía que era también para nosotros hoy en día.

Yo era la secretaria de la iglesia y estaba sentada en la primera fila tomando el acta. Le pedí al reverendo Benito permiso para hablar y leer el versículo 39 que dice: "La promesa es para ustedes y sus hijos y para todos los que están lejos; para cuantos el Señor nuestro Dios llamare." El reverendo Benito me miró y dijo:" ¿Oh, por supuesto que usted desea recibir el Espíritu Santo así como también Benjamin? Bueno, ¡vaya y búsquelo en el lugar donde su hermano lo encontró! "Me echaron de la iglesia Metodista y me quitaron mi puesto de secretaria de la escuela Dominical. ¡Esto me quebrantó el corazón!

Mi abuela, mi tío Bene y yo, empezamos a asistir a las reuniones de hogares pentecostales con regularidad. Una noche en que estaban predicando sobre el bautismo del Espíritu, comenzaron a cantar: "Dulces Melodías Cantare", y las palabras y la música me conmovieron el corazón. Comencé a llorar cuando llegaron al verso que dice: "Yo vivía en sombras y en dolor, triste, herido, pobre, vil, mas la tierna mano del Señor me llevó a su redil."

Todavía estaba quebrantado mi corazón porque había sido expulsada de la iglesia Metodista por hablar en defensa de lo que Dios me había revelado tocante al Espíritu Santo. Esa noche fui ungida por el Espíritu, y comencé a hablar en otras lenguas que me llenó de un gozo inefable. Sentí un consuelo en mi corazón. Otra noche mi abuela también recibió una gran alegría en el Espíritu, mientras que después de la reunión se encaminó a casa danzando y alabando a Dios.

Dos semanas después de recibir el bautismo del Espíritu Santo, algunos creyentes Apostólicos vinieron a hablar con nosotros acerca de el "bautismo de agua" en el nombre de Jesucristo. Un hermano nos enseñó que en Hechos 2:38 la Biblia lo explica claramente. Ese domingo cinco personas fueron bautizadas. Yo pedí el bautismo para el próximo domingo. Yo sabía que sería muy difícil obtener el permiso de mi abuelo, pero yo sabía que esto era lo que yo quería.

El domingo siguiente, varios miembros de la iglesia, vinieron a buscarme. Mi abuelo estaba en casa esa mañana, y yo sabía que no me dejaría ir si él descubriera que iba a ser bautizada. Le pregunté a mi abuelo si nos hiciera el favor de ir a comprar carne para la cena. Él dijo que él podía ir, pero no tenía dinero. Rápidamente le ofrecí darle todo lo que necesitaba. Tan pronto como se fue a la tienda, tomé mi ropa y una toalla, y nos fuimos a mi bautismo.

Era el 26 de febrero de 1934, un día frío de invierno, y el agua en el canal estaba escalofriante, pero mi corazón estaba ardiendo de amor por el Señor. Otros cuatro conversos y yo, fuimos bautizados ese día. Una de las hermanas me cubrió con una manta grande después de que fui sumergida en el agua en el nombre de Jesús. ¡Qué alegría sentí ese día! Ahora había dos de nuestra casa bautizados, mi tío y yo. Después de mi bautismo los miembros de la iglesia comenzaron a llamarme cariñosamente "Bellita", y el nombre se quedó así, y todos me conocen por este nombre aún hasta hoy en día.

Una mañana, poco después de mi bautismo, Mamá Severita me dijo que ella había tenido un sueño muy interesante. Ella dijo que las dos estábamos caminando y habíamos llegado a un río. Ella vió que el puente estaba levantado y no había manera de cruzar. En el sueño, nos fijamos que había una cadena larga que se utilizaba para bajar el puente. Cuando ella trató de tirar de él, el guardia le dijo: "Tú no, la joven va a bajar el puente." Después de escuchar su sueño, entendimos lo que significaba. Que mi vida iba a ser usada por el Señor para ayudar a otros a venir a Cristo. Le dije a mi abuela, y nos acordamos de una línea de nuestro himno favorito. "Crucé el Jordán y llegué a Canaán, Oh sí es un cielo aquí." Mamá Severita siguió asistiendo con nosotros a la iglesia, y pronto ella también fue bautizada en el nombre de Jesús. Mi primo Arcadio, y otros de nuestra familia fueron bautizados. Alabo al Señor que mi testimonio fue utilizado como puente para que otros pudieran cruzar de la incredulidad a la fe en Cristo.

Durante los primeros años de la conversión de mi tío y yo, mi abuelo seguido trataba de persuadirnos de abandonar el compromiso total que teníamos con el Señor y con su evangelio. Él no estaba interesado en aceptar la fe o ser bautizado. Él estaba molesto que yo iba con mi tío a reuniones de la iglesia y regresábamos muy tarde. Una noche, tío Bene y yo llegamos a media noche, y mi abuelo todavía estaba despierto. Él dijo, "Beatriz, nunca he puesto una mano sobre ti, pero si sigues llegando tarde a casa con tu tío Bene, usted verá que yo sé cómo azotarla a usted. ¡Mis hijas no son de las que andan en la calle por la noche!"

Al oír esto, alcé mis manos y dije con verdadera alegría en mi corazón: "¡Gloria a Dios! Estaré feliz de sufrir por el Señor." Mi abuelo me miró, sacudió la cabeza, y se alejó. Él entendió por mi respuesta que nada iba a impedir mi adoración al Señor, y él nunca puso una mano sobre mí. Unos pocos años más tarde, me contó que había tenido un sueño que le impresionó mucho. Soñó que estaba pescando, y había cogido dos peces pequeños y los dejó caer en el balde. Luego lanzó la línea de nuevo y salió una cabeza humana gigantesca que le habló. La cabeza le dijo: "Yo soy el Dios de los padres, Abraham, Isaac, y Jacob, y los dos peces pequeños en el balde, son Benjamín y Beatriz. Usted debe dejarlos ir a predicar el evangelio." Desde ese día, Papá Benjamín nos dejó libres en nuestro trabajo de evangelismo y en todas las actividades de la iglesia. Poco después, y cerca del momento de su muerte, mi abuelo también creyó y pidió el bautismo en el nombre de Jesús.

A falta de un lugar de encuentro formal, nos reuníamos en las casas que estaban en los pueblitos. Muchos querían asistir a las reuniones, pero teníamos un número limitado de carros. Con el fin de llevar el máximo número de gente, yo siempre estaba dispuesta a viajar parada en el estribo del carro Ford. Me colgaba de un brazo a través de una ventana abierta. En las noches cálidas de verano me gustaba sentir el viento en mi cara. Puesto que la velocidad máxima de los vehículos en ese día era treinta y cinco millas por hora, y dado que la mayoría de la gente sólo corría unas veinte y cinco, me sentía segura y para mí era un viaje muy divertido.

Una semana tuvimos reuniones con el único propósito de orar por los enfermos. Canuto García y su esposa, Inocencia, quienes todavía no eran evangélicos, eran familiares de mi amiga Tomasita. Ellos querían asistir, porque habían oído el testimonio de muchos en la ciudad que

se habían sanado, y especialmente porque Inocencia había
estado muy enferma. Ellos y otros miembros de su familia
venían del pueblo de Garciasville. Llegaron a Mission, donde
se detuvieron para ver a Tomasita para saber cómo llegar a
las reuniones evangélicas. Ella les dió las instrucciones a
mi casa en Donna, y les dijo que me preguntaran si yo los
acompañaría como guía. Vinieron a mi casa y se presentaron.
Estuve de acuerdo de ir con ellos, y como yo no podía ir sola
a ninguna parte, me llevé a mi primo Daniel, que tenía ocho
años de edad. El coche ya estaba lleno a capacidad, así que
mi primo y yo tuvimos que sentarnos en la parte trasera en
el regazo de alguien.

Viajamos un rato y de repente me di cuenta que ya
nos habíamos pasado la vuelta. Canuto frenó, le dió al carro
en reversa, pero golpeó el freno de nuevo cuando sintió la
caída del coche. Miré por la ventana y vi que la rueda trasera
derecha se había salido de la carretera y estaba colgada en
el aire sobre una zanja. La rueda delantera derecha apenas
estaba sujeta de la carretera. Canuto se congeló sin saber qué
hacer, y todas las mujeres en el coche empezaron a llorar.
No estoy segura de dónde vino mi valor, pero yo sabía que
alguien tenía que tomar medidas. Este Ford, modelo-A, sólo
tenía dos puertas en la parte delantera y el asiento de atrás
sólo tenía ventanas pequeñas. Porque yo era muy delgada,
decidí empujarme por la ventana y brincar abajo. Al salir
me di cuenta de lo profunda que estaba la zanja. Ya afuera
saqué a Danielito por la ventana también, y lo moví a una
distancia del coche, subiendo yo con él a la carretera. Pensé
que al hacer el peso más liviano dentro del coche, en el
lado posterior derecho, podríamos tener mejor tracción en
el lado izquierdo, donde las llantas estaban firmemente en
el camino.

Le dije a Canuto que pisara el acelerador mientras yo
empujaba el coche por el exterior del lado izquierdo de atrás

hasta que subiera la llanta en la carretera. Yo no sé de dónde me llegó tanto valor y fuerza, pero sentía que con la ayuda del Señor podíamos tener éxito, y así fue. Me sentí llena de fe para estar en contra de cualquier fuerza contraria que estuviera tratando de evitar nuestra llegada a esta junta de oración. Cuando llegamos a la reunión cada uno de nosotros llegó lleno de agradecimiento y alabando a Dios. Oramos por la salud de Inocencia, y esa noche toda la familia recibió el evangelio y aceptó a Cristo como su salvador. Algunos años después, Canuto García se convirtió en pastor, y llegó a ser obispo de las iglesias Apostólicas del sur de Texas. Inocencia habiendo recibido su salud, dió a luz otras dos hijas y vivió hasta los noventa y tres años de edad.

En otra ocasión íbamos de Mission a Edinburg a una reunión en casa del hermano Canuto García. Mi amiga Zoila Reina y yo estábamos sentadas en lo que se llamaba el "Rumble Seat" (que estaba afuera y daba la vista para atrás) de un automóvil Modelo-T. Guadalupe García, que más tarde vino siendo mi cuñado, y su esposa Petra, estaban sentados en el asiento delantero. Para dar cabida a los doce que querían ir a la reunión, se había atado un remolque al carro. En el remolque se habían puesto dos bancas donde podían sentarse cuatro personas en cada una. Después de estar en la carretera un tiempo, me fijé que se había desatado el remolque y mi primera reacción fue tratar de agarrarlo. Antes de que pudiera hacerlo, y probablemente una buena cosa para mí, el enganche se apartó. Vimos como el remolque con ocho personas sentadas en las bancas, se alejó y luego viró a la izquierda de la carretera, directamente en la zanja. Vi que el remolque finalmente se detuvo y lanzó, tanto a las bancas como a los pasajeros, sobre la hierba. Paramos el coche y bajamos a la zanja para ver como estaba todo. Todos estaban sacudiéndose, un poco asustados, pero nadie estaba seriamente herido. Las bancas también estaban enteras.

El conductor de un vehículo que pasó y nos vió, siguió adelante y notificó a la policía. La policía y la ambulancia se presentaron para verificar la situación. Cuando los vi, corrí y les dije que todo estaba bien. Después de que la policía nos dejó, enganchamos el remolque con seguridad de nuevo en el carro, y con todos de vuelta en las bancas, seguimos adelante y llegamos a nuestra destinación glorificando a Dios.

En 1934, con ganas de ver cómo la iglesia Apostólica estaba organizada en Monterrey, México, mi tío Bene y Tomasita, Canuto García, Adela Sáenz y yo, decidimos visitar la iglesia. Canuto era el único que tenia carro, así que fuimos con él. Antes de llegar a Monterrey, nos detuvimos en Laredo, México, donde disfrutamos de la hospitalidad de unos miembros de la iglesia. Una vez allí, nos enteramos con sorpresa que los servicios religiosos estaban prohibidos y no se permitía adoración a Dios en ninguna iglesia o en público. Durante su presidencia Plutarco Elías Calles (1924 – 1928), había proclamado que él era ateo e inició una ley contra el clero. Se dirigió principalmente en contra de la iglesia Católica, pero también incluía a todos los cristianos. Se especula que la razón principal por la persecución fue que Calles estaba opuesto a que las ofrendas de las iglesias Católicas de México se enviaran al Vaticano en Roma. Calles quería que este dinero se quedara en México. Los soldados mexicanos mataron a muchos sacerdotes y toda persona sospechada de ayudarles. Los católicos se levantaron en contra de las leyes anticlericales y declararon guerra. Este periodo de guerra fue conocida como la "Guerra Cristera." Después de terminar su puesto, Calles se nombró "Jefe Máximo" (1928 – 1938). Con este puesto pudo mantener su poder político y continuar la supresión de la iglesia. Debido a esto todas las reuniones religiosas se tenían que hacer en secreto. Después de enterarnos de esto, salimos de Laredo para Monterrey. Llegando a Monterrey visitamos al pastor de la iglesia, y él nos verificó todas estas cosas.

Nos dijeron que a pesar de esta lucha, la iglesia seguía creciendo y durante nuestra visita algunos creyentes nuevos pidieron el bautismo. Hablamos de cómo tener bautismos sin poner en peligro nuestras vidas. El pastor sabía de un lugar escondido en la sierra de Las Mitras, afuera de la ciudad. Fuimos con ellos en tren a la pequeña ciudad de La Huasteca. Cuando nos bajamos, un grupo de gente nos reconoció como Apostólicos y burlándose de nosotros comenzaron a ladrarnos como perros. Le pregunté a una hermana que iba con nosotros por qué lo hacían y dijo que era porque nos consideraban como perros. Al llegar a las montañas, caminamos por el bosque hasta llegar a un lugar donde había tres hermosos arroyos de aguas cristalinas. Fue aquí donde los nuevos creyentes fueron bautizados y nosotros adoramos con toda libertad.

Durante nuestra estadía visitamos El Obispado, un monasterio que se encontraba en la cumbre de una loma. Nuestro guía nos dijo que a causa de la persecución, ya no funcionaba. Nos enseñó un túnel subterráneo secreto que corría del Obispado hasta la iglesia de la Virgen de Guadalupe que estaba abajo en la ciudad. Los sacerdotes utilizaron el túnel para poder huir y librarse en el momento álgido de la persecución. Nuestra visita a Monterrey duró un poco más de una semana. Volvimos a casa alabando a Dios por su protección y ahora aún más agradecidos por la libertad religiosa que había en los Estados Unidos.

Yo siempre oraba por la salvación de mis amigas. Yo quería que escucharan el evangelio y conocieran el amor del Señor. Me gustaba invitar a mis amigas, especialmente a Hortencia, a los servicios por la noche que se celebraban en el patio de la casa de un miembro de la iglesia. No teníamos electricidad y nuestra única luz provenía de una lámpara de petróleo que colgaba de un árbol cercano. Esa noche canté un himno que decía: "Bello ropaje habré de vestirme, luciente de gloria en célico Edén. Quisiera yo verte ataviado en la gloria, con esos hermosos vestidos también. Por ti estoy rogando, orando estoy por ti."

Al día siguiente fui a la casa de Hortencia para ayudarla con su clase de piano. Ella estaba aprendiendo a tocar "La Golondrina", que es una canción de despedida. Su madre salió de la cocina diciendo: "¡Te dije que no toques esa canción triste porque me da escalofrío!"

Ella le preguntó: "¿Mamá, tienes miedo de que voy a morir? Bueno, si me muero, le das mi piano a Beatriz."

Entonces yo le dije: "Vamos a tocar un himno de mi himnario en su lugar." Por lo que tocamos, "Oh sí es un cielo aquí." Después de su lección, le dije que tenía que irme. Ella dijo que quería acompañarme a casa. En el camino ella me dijo: "El himno que cantaste ayer en la reunión de la iglesia, "Por ti estoy orando", realmente tocó mi corazón." Quiero recibir al Señor como tú y ser bautizada, pero mi madre no me deja. Ella está planeando una gran fiesta de Quinceañera para celebrar mi cumpleaños. Tan pronto como se cumpla eso quiero ser bautizada."

Me acompañó hasta dejarme cerca de casa, y se regresó a la suya. Al llegar Hortencia comió sandía y comenzó a jugar y girar en círculos con su primito. Al rato, ella empezó a vomitar. Su madre le dijo que limpiara el desorden. Pensó que había arrojado la sandía, sin saber que ella estaba vomitando sangre. Luego Hortencia se desmayó. En ese momento, su hermano Raúl y mi tío Bene llegaron. Ellos oraron por ella y llamaron al doctor. Para cuando llegó el médico, ya había muerto. Mi tío Bene llegó a nuestra casa, me dijo lo que había acontecido, y me sugirió que fuera a consolar a su madre. No podía creer lo repentino de la muerte de Hortencia. Unos meses más tarde su madre me

dijo que viniera y tomara el piano que su hija quería que
yo tuviera. Como la iglesia de Mission no tenía un piano,
yo doné el que me habían dado. Toqué ese piano en la
iglesia todas las semanas y nunca me olvidé de mi querida
amiga y lo temprano que su vida había terminado. Aunque
Hortencia nunca tuvo la oportunidad de ser bautizada, yo
sé con certeza que ella había creído en Cristo, y que ella
entregó su corazón a Jesús.

Yo tenía otra amiga llamada Senona Martin. Ella
era la hija de una familia de negros que habían comenzado
a asistir a nuestros servicios. Todos habían sido bautizados.
En una ocasión Senona y yo íbamos juntas a otro pueblo,
y decidimos tomar el autobús. Tan pronto como estuvimos
a bordo, Senona me hizo señas de que iba a sentarse en la
parte de atrás. Por primera vez, me di cuenta del letrero en la
parte trasera que decía: "Colored." Algo en mi ser se agitó,
y sentí el dolor de la discriminación. Le dije que no tenía
que irse a la parte trasera del autobús, sino que se sentara
en el frente junto a mí. Yo dije estas palabras en voz alta lo
suficiente para que el conductor del autobús, que nos estaba
mirando en el espejo, me pudiera escuchar. Debe de haber
visto la determinación en mis ojos, porque se limitó a seguir
conduciendo. Senona se sentó en frente junto a mí hasta que
llegamos a nuestro destino. Ni una persona habló en contra
de nosotros. Mis hijas en broma dicen que quizás Rosa Parks
fue descendiente de mi amiga Senona.

Capítulo 6

Paz en la Tempestad

Deléitate asimismo en Jehová y Él te
concederá las peticiones de tu corazón.

SALMO 37:4

El lunes 5 de septiembre de 1933, salía de casa para ver la puesta del sol cuando me fijé que papá Benjamín y los otros hombres de la familia estaban frenéticamente excavando en el patio. Le pregunté qué estaban haciendo. Papá Benjamín apuntando al cielo dijo: "Beatriz, ¡mira! Nunca he visto nubes tales como éstas. ¡Ésta es una mala señal! Yo creo que viene un huracán." Al alzar los ojos vi nubes grises procedentes del este, y otras grises y negras que venían del oeste. Se notaba que estaban moviéndose a gran velocidad, en todas direcciones. El aire también se sentía diferente. Papá Benjamín y yo entramos a casa, y él nos dijo a las mujeres que nos preparáramos para una tempestad. Los cinco hombres estaban asegurando las cuatro esquinas del techo con cuerdas fuertes. Habían asegurado una esquina a un árbol grande y colocado postes en los agujeros profundos que habían excavado para asegurar las otras tres esquinas. Al terminar esto, unos fueron a la tienda para comprar más alimentos. Las mujeres preparamos jarras con agua potable.

A las 9 de la noche, el huracán se abalanzó sobre Brownsville, Texas, con vientos de 120 kilómetros por hora. El viento comenzó a disminuir ligeramente a medida que el huracán se movió al oeste hacia nuestras casas frágiles en Donna. Yo estaba durmiendo cuando mi tía Chalita (Gonzala) entró en la habitación gritando, "¡Manita, despierta, despierta, el mundo está llegando a su fin! Escucha el aullido del viento. Las tejas están volando por todas partes. Nuestro techo tenía goteras y la lluvia llegaba. ¡Mira por la ventana la casa que está en el camino, está en llamas! "Cuando por fin dejó de gritar, oí el terrible sonido de la furia del huracán. Me di cuenta de que mi madre tenía razón cuando había dicho que yo podía dormir a través de cualquier cosa, incluso un huracán.

Al levantarme, se había acordado que la familia se evacuara a la casa de al lado que era de mi tío Víctor. Él tenía una casa más nueva, que todos pensaron podría soportar la tormenta mejor. Se había elegido el camino más corto de evacuación. Los cinco hombres se colocaron entre las casas, formando una cadena humana para ayudar a guiar a las mujeres de una casa a la otra. Como yo era la más joven, ayudé a cada una de las cuatro mujeres a salir por la ventana. Entonces, tomé un juego de ropa y lo envolví en una toalla. Yo fui la última en salir. Con lluvia cegadora y bajo el rugido del viento, crucé la cadena humana. Aferrándome de un tío a otro, crucé de nuestra casa a la puerta de atrás de la casa del tío Víctor. Todos cruzamos con seguridad. Llegando adentro nos quitamos la ropa empapada y nos vestimos con nuestra ropa seca. Entonces todos nos reunimos en la sala de estar. Allí oramos y cantamos toda la noche mientras el huracán golpeaba afuera. Cantamos el himno "Cariñoso Salvador" que muy apropiado dice: "Cariñoso Salvador, huyo de la tempestad. A tu seno protector, fiándome de tu bondad. Sálvame Señor Jesús, de las olas turbulentas."

Al mediodía del día siguiente disminuyó el viento y la lluvia. Con el tiempo, nos enteramos de que todos nuestros familiares en las granjas y pueblos vecinos también estaban bien. La devastación había sido grande. El periódico reportó que el cielo había vertido quince pulgadas de lluvia en la estela del huracán. Dos pies de agua y lodo cubrían la ciudad. Millas de plantaciones de cítricos quedaron arrasadas. Las toronjas, naranjas y limones quedaron flotando en piscinas de agua lodosa en los campos destruídos. Los edificios habían sido arrasados y cientos de personas se quedaron sin hogar. La asombrosa pérdida económica total para el Valle fue cerca de diecisiete millones, de ese número, diez millones fueron de cítricos. Entre Mission y Harlingen, largas cadenas de vagones de carga sobre las pistas del tren Pacífico Sur se volcaron en el asalto feroz del huracán. Los techos de casi todos los edificios más pequeños en Harlingen habían sido arrancados. La casa de enfrente de la nuestra se encontraba boca abajo, la nuestra se había quedado en pie, pero el árbol en el que habíamos utilizado como un ancla fue desarraigado. La casa por el camino se había quemado a causa de los cables eléctricos que habían caído sobre ella. Este huracán dió al Valle del Río Grande uno de los peores golpes que había sufrido en muchos años. Para añadir a la tragedia, muchas personas ahora se encontraron sin trabajo debido a que la cosecha de cítricos y plantas de empaque habían sido destruídas.

A pesar de toda la devastación, ese año tuve la suerte de conseguir un trabajo que me encantó. Mi amiga Tomasita había comenzado una escuela cristiana privada para alumnos de primer grado en su casa en Mission. Su madre Adelita, tenía una propiedad con varios edificios. Donó uno de los edificios para uso de la iglesia. El edificio donde ella vivía tenía una estructura adjunta que se había dividido en dos salas y se estaban utilizando como salas de clase. Ella me preguntó si estaría dispuesta a ser maestra de una clase de segundo grado. Con mucho gusto acepté su oferta y me trasladé de la casa de mis abuelos en Donna a vivir con Tomasita y su madre en Mission. El costo para asistir a la escuela privada era quince centavos por semana para estudiantes de segundo grado, y diez centavos para los niños de primer grado. En total, tuvimos unos cincuenta y cinco alumnos. Nuestro día de clases siempre se iniciaba con la oración y un himno de niños. Este trabajo fue una bendición para mí por poder instruir a los niños no sólo en la lectura, escritura y aritmética, sino también enseñarles la Palabra de Dios. Además de esto, invitamos a los padres de los estudiantes a asistir a los servicios de la iglesia. Algunos padres recibieron el evangelio y fueron bautizados. La iglesia creció en número y había mucha alegría en el espíritu.

Mi tío Bene ya tenía varios años de estar predicando y ahora era el pastor de la iglesia de Mission. A causa de haberme trasladado a Mission para trabajar en la escuela, estaba disponible para ayudarle en la obra de la iglesia. Él me pidió que le ayudara a organizar la sociedad de las mujeres de la Asamblea Apostólica. Con la ayuda de Dios, pudimos organizar diferentes grupos de trabajo. Para recaudar fondos empezamos a hacer tamales y venderlos a diez centavos la docena. También nos pusimos de acuerdo de pedir diez centavos al mes de cada miembro para iniciar nuestro propio fondo. Las hermanas de la iglesia amaban la Palabra de Dios. Aunque algunas de ellas no sabían leer, tenían buena memoria, por lo tanto, yo les leía los salmos y les ayudaba a memorizar las Escrituras.

Yo sabía que algunos de los parientes de mi padre natural vivían en Mission y pensaba comunicarme con ellos. Tenía tantas preguntas tocante mi padre. Mi único recuerdo de él era una foto de muchos años que mi madre me había dado, y yo lo apreciaba mucho. Dado que Mission era una ciudad pequeña, los parientes de mi padre pronto supieron que yo había llegado a Mission para trabajar en la escuela privada. Un día por casualidad, me encontré con uno de los primos de mi padre, Víctor Gutiérrez, un caballero guapo de ojos azules que trabajaba en la distribución de agua. Cuando me vió caminando por la calle de la escuela privada, se detuvo, bajó de su camioneta, y se acercó a preguntarme si yo era la hija de Graciano Gutiérrez. Me dijo que mi madrina, que también era prima de mi padre, vivía a tres cuadras por la misma calle. Qué gozo sentí en pensar que ahora tendría la oportunidad de conocer a mi familia paterna.

Al día siguiente fui a la casa de mi tía y me presenté. Ella me dijo que mi padre vivía en Corpus Christi, y le pedí si podría avisarme en caso de que algún día él llegara a visitarla. Mi tía le escribió a mi padre. Le informó que yo estaba viviendo en Mission, y que yo quería conocerlo. Los días que esperé por su respuesta me parecieron una eternidad. Por último, mi tía me dió la buena noticia. Mi padre y su única hermana Sanjuana vendrían a Mission en dos semanas. Le di gracias a Dios. ¡Cuánto tiempo había yo deseado que llegara este día! ¿Qué le voy a decir? ¿Cómo me sentiré cuando lo vea? ¡Qué bendición, de finalmente ver a quien yo había anhelado conocer por tantos años!

Era marzo de 1934, solo un mes antes de que yo cumpliera 20 años. Habíamos terminado la enseñanza de la escuela ese día y con anticipación y pasos rápidos me encamine a la casa de mi tía Francisca. Mucho más de lo que podía acordar eran las veces que yo había soñado de este día. Yo podía sentir la emoción en mi ser, y el latido rápido de mi corazón. Al llegar a la puerta, vi caras desconocidas, eran familiares que yo nunca había conocido antes. Al entrar a la casa, mis ojos se fijaron en alguien que yo pensé era el hombre más guapo que yo había visto en mi vida, y las cuerdas de mi corazón se extendieron instantáneamente hacia el. Cuando él se levantó y caminó hacia mí con sus brazos abiertos, yo sabía que éste era verdaderamente mi padre. Con ternura me abrazó y me dijo: "¡Estoy tan feliz de conocer a mi hermosa hija!" Sentí que estremeció su cuerpo y sus lágrimas comenzaron a rodar por sus mejillas y cayeron sobe mi cara. Estando incapaz de pronunciar una palabra más, se apartó y se encamino hacia la cocina. Se sentó en una silla y con las manos cubriendo su rostro, lloró en voz alta. Lo seguí y puse mis brazos alrededor de sus hombros y dije: "Toda mi vida he esperado este momento. ¡Este es un día grande y feliz para mi!" Miré alrededor y me di cuenta de que todos en la sala de estar estaban llorando, pero de mis ojos no cayeron lágrimas. Sentí sólo la alegría que viene cuando un anhelo largamente esperado, finalmente se realiza. En mi ser, escuche tocar una dulce nota de me corazón.

Ese día supe lo que se siente al estar en la presencia de su padre, de sentir su abrazo y reclinar mi cabeza en su pecho. En esos pocos momentos en sus brazos, todos los años de dudas sobre su amor para mí se desvanecieron, y entendí que él me amaba y que yo también lo quería. Después de que nuestros corazones se consolaron, nos sentamos, platicamos, y tomamos un poco de té. Más tarde se presentaron mis otros parientes paternos, incluyendo mi impresionante tía Sanjuana de ojos azules y pelo negro. Yo estaba tan agradecida de finalmente conocer a mi padre y mis otros familiares. Demasiado pronto llegó el tiempo de decir adiós, pero me despedí con la esperanza de pronto volver a ver a mi padre, y el prometió que lo haríamos. Al día siguiente, mi padre y mi tía se regresaron a Corpus Christi.

Al tener esta reunión con mi padre, había encontrado una pieza faltante de mi vida. Había sido como un bálsamo a mi corazón herido. Y saber que él me había encontrado hermosa era increíble. Esa fue la primera vez en mi vida que alguien me había llamado hermosa, y las palabras habían salido de el hombre de quien yo anhelaba ser amada, mi padre.

1911 - Mi padre Graciano G. Gutierrez

El destino quiso que esta reunión fuera la primera y única vez que mi ser oyera la voz, y sintiera el cariño y calor de un abrazo de mi padre. Poco tiempo después de nuestro primer encuentro, manejando su motocicleta en camino al trabajo, murió a manos de un joven de trece años que conducía por primera vez el carro Cadillac nuevo de su madre. Un día precioso, un tierno abrazo, un breve intercambio de palabras de amor sería lo único que podría guardar de él. Hasta el día que lo conocí, nadie me había llamado "hermosa." Sus palabras: "Mi hermosa hija," todavía están grabadas en mi corazón.

El día del accidente, la noticia fue enviada a su hermana Sanjuana, quien estaba en el hospital recién operada de su apéndice. Me dijeron que ella nunca salió del hospital, pero murió poco después de recibir la noticia de la muerte de su hermano. Los hermanos de mi padre también le habían enviado un telegrama a mi tío Víctor en Mission. Tío Víctor fue a casa de mi tía Francisca (la casa donde yo había conocido a mi padre), y ella le dijo que había una mala noticia. Al leer el mensaje, el tío Víctor se desplomó y cayó muerto. Mi tía Francisca me notificó de las tragedias, pero el abrazo de la muerte salvaje no había terminado todavía. La tía Francisca había enviado también la noticia a su madre, mi tía Micaela (quien había sido la partera cuando yo nací), y mientras toda la familia asistía al funeral de mi tío Víctor, allí mismo recibieron la noticia de que Micaela había muerto en México después de recibir la noticia trágica. En mi juventud, mi querido padre y tres miembros de la familia que había conocido se fueron seguidos. Irónicamente, la oportunidad de construir lazos familiares con mi familia paternal fue interrumpida a causa de la muerte de mi padre.

Sentí una gran pérdida. A pesar de que tenía amistades en la iglesia, me sentía sola y extrañaba a mi familia. Quería que ellos vinieran a disfrutar de la comunión con nosotros. Yo había oído que Ramona, una hermana de mi abuela, tenía una propiedad con casa en Mission. Cuando el marido de Ramona murió, ella abandonó su casa y se mudó a Álamo, Texas. Decidí hablar con ella acerca de su casa vacía, ya que yo quería traer a mis abuelos, a tía Chalita, a tía Antonia, y a mi primo Arcadio a Mission conmigo. Tía Ramona dijo que debía ir al juzgado de la ciudad e informarme del estado de la casa. Me enteré de que la propiedad y la casa estaban a punto de ser vendidas por los impuestos atrasados. Como yo tenía trabajo, arreglé un acuerdo con la ciudad para hacer los pagos de impuestos mensuales. Tomé posesión de la casa y del lote adjunto, y nos mudamos. Yo estaba tan feliz porque estábamos juntos de nuevo, y porque hallé la oportunidad de ser una bendición para mi abuela, como ella lo había sido para mí.

Durante este tiempo, hacía lo posible por ir a visitar a mi madre en México. En una visita con ella, tomé el tiempo para ir a saludar a mi tío Maclovio y a tía Adelita. Nunca dejé de hablarles de Cristo a mis familiares, y con regularidad escuchaban mis oraciones por ellos. Durante mi visita con mis tíos, la profesora de la escuela primaria local, Señorita Raquel, supo de mi visita y llegó para saludarme. Hablamos un tiempo y luego decidimos caminar juntas al cerrito cercano, y buscar conchas fosilizadas. También nos acompañaron mis primas Ercilia y Eleuteria (hija adoptiva de mis tíos). El día estaba muy caliente, así que pedimos unos paraguas prestados para protegernos del calor ardiente del sol. Al salir mi tío Maclovio dijo, "Cuando lleguen al cerrito van a estar más cerca de Dios, pídanle que nos mande lluvia. ¡No ha llovido en casi un año y el maíz se está secando y la tierra esta sedienta!"

Cuando llegamos al cerrito, comenzamos a recoger conchas y bastantes piedras bonitas. Allí, en la parte superior del cerro recordé la solicitud de mi tío y con todo mi corazón oré por la bendición de lluvia. El tiempo pasó rápidamente y fijándonos que se oscurecía pensamos abandonar nuestra búsqueda de conchas y regresar a casa. Al levantar la vista, notamos nubes negras en el cielo. Comenzó a llover y corrimos con prisa agradecidas que habíamos traído los paraguas, que ahora nos rendían protección de la lluvia que caía con fuerza. A causa de esto, no es de extrañarse, que cuando había una sequía en México, mi familia me mandaba pedir que hiciera petición al que sacia la tierra con lluvia. Dios es grande, fiel, y misericordioso, y escucha la oración, y siempre les llovía cuando oraba.

El 5 de diciembre de 1935, mi tío Bene y Tomasita se casaron. En Abril de 1937, la Asamblea Apostólica le pidió a tío Bene que se trasladara a la cuidad de El Paso y se hiciera cargo de la iglesia allí. Cerramos la escuela privada cristiana, y se terminó mi trabajo. Guadalupe García tomó el pastoreado de la iglesia en Mission, y él y su esposa Petra se mudaron a uno de los edificios donde se habían llevado a cabo las clases de la escuela. Recogí mis cosas, me despedí de mis abuelos y parientes, y me fui a El Paso con ellos, deseosa de trabajar por el Señor. Nos fuimos sin empleo y sin vivienda, plenamente confiando en que Dios proveería todas nuestras necesidades, y sí lo hizo. Después de vivir en El Paso por cerca de ocho meses, nos dijeron que iba a ver una convención de la iglesia en California, y tío Bene y yo asistimos. Tomasita se quedó en casa porque estaba esperando su primera hija. En la convención hice nuevas amistades entre las hermanas. Una de ellas, María Sotelo, recientemente cumplió 90 años de edad.

Después de la convención en California regresamos a El Paso. Cuando llegamos a casa había recibido un telegrama informándome que tenía que estar en Corpus Christi en una semana. Mi presencia se requería en una audiencia en el juzgado sobre la muerte accidental de mi padre. Estaban a punto de cerrar el caso. El plazo para comparecer ante el tribunal estaba cerca. Necesitaba llegar desde El Paso a Mission, y luego irme a Corpus Christi con toda prisa. Les escribí a mis abuelos que me iba a volver a casa y que unos amigos me llevaban hasta Laredo.

A partir de ahí yo tenía suficiente dinero para tomar un autobús hasta la terminal de autobuses en Mission. Cuando llegamos ya era media noche y la lluvia estaba cayendo a torrenciales. Yo sólo tenía veintitrés años de edad, y me dió miedo caminar a casa sola. Le dije al conductor del autobús que yo vivía a una milla de distancia y que tendría que caminar sola en la lluvia. Él me dijo que esperara mientras que él entraba a la oficina de la terminal. Cuando salió, dijo: "Vuélvete al autobús, yo te llevaré a casa."

Cuando le expliqué que yo no tenía dinero para pagarle, dijo: "Está bien, no es necesario." A causa de la lluvia era difícil ver los nombres de las calles, pero pude dirigirlo. Condujo el autobús sólo conmigo de pasajera directamente a mi puerta. Mi abuelo, que había oído el ruido en la calle, salió y me vió salir del Greyhound y no lo podía creer. Ahora que estaba en casa pude preparar mi viaje a Corpus Christi.

Sin que yo supiera, dos años antes los hermanos de mi padre habían iniciado una demanda contra la compañía que aseguraba el Cadillac conducido por el joven que había matado a mi padre. El abogado de la compañía de seguros había preguntado si mi padre tenía un heredero vivo. Si es así, había dicho, entonces esa persona, en este caso yo, tendría que comparecer en la audiencia. En el día de la audiencia del tribunal, el abogado me preguntó cuánto dinero mi padre me había dado para mi sostenimiento. Le informé que mi padre nunca me había dado ningún apoyo económico. Entonces dijo que mi tío le había dicho que sí me daba. "¡Pero no es así!" Yo protesté. En ese momento vi a mi tío pegar la mesa con disgusto.

"¡Pero él le había de haber dado!" nuestro abogado respondió. "Si no dices que sí te dió, entonces no hay acuerdo y usted perderá veinte mil dólares", me susurró al oído. Me mantuve firme. ¿Cómo iba a mentir habiendo puesto mi mano sobre la Biblia con la promesa de decir la verdad? Por último, el caso terminó, y se perdió la demanda. Sentí el dolor de no haber recibido nada de mi padre, ni siquiera en su muerte, pero era un dolor conocido y con el cual yo ya había hecho la paz. Pero en mi corazón yo entendía una cosa muy clara, que aunque yo no había ganado dinero, había mantenido una conciencia sin mancha acerca de la verdad. Lo que recibí fueron quinientos dólares. Les entregué la mitad del dinero a mis tíos para reemplazarles los gastos que habían puesto en el funeral de mi padre dos años antes. Los doscientos dólares que me quedaron los puse en una cuenta de ahorros.

Durante el año siguiente, cuando yo tenía unos veinticuatro años de edad, fui a una conferencia de la iglesia Apostolica en Weslaco. Asistieron más o menos diez hermanos y en preparación para proveer la comida, me pidieron que fuera a una tienda cercana para comprar provisiones.

Al llegar a la tienda saludé al cajero. Al sumar las provisiones escogidas, me dijo cuánto era, y yo le pagué. Me dió el cambio, y como yo acostumbraba hacerlo, revisé el dinero. Me di cuenta que me había dado más de lo que me tocaba. No pude quedarme con el dinero y le dije que me había dado demasiado. Se quedó sorprendido de mi acto, y me preguntó, "¿De dónde es usted? Le dije que yo era de Mission, y que estaba asistiendo a una conferencia de la iglesia Apostólica ese día. Hablé con él un rato, e invité al señor Eliezer De León al servicio de esa noche para escuchar la Palabra de Dios. Él respondió que él no quería ir porque le gustaba mucho fumar. Yo le dije que el Señor le podía ayudar para dejar el cigarro. Entonces me dijo que sí iba a ir esa noche.

Dio la casualidad que su esposa, Margarita, ocupaba a Alicia Medrano Ruiz de trabajadora en su casa. Alicia le hablaba del evangelio y a Margarita le gustaba, pero Eliézer le había dicho que él no quería oír. Alicia había invitado a Margarita para esa noche a la conferencia, y ésta vez Eliezer fue con ella, como me había dicho. Esa noche abrieron sus corazones al evangelio, y poco después fueron bautizados en el mar en Brownsville, Texas. El hermano De León me dijo, que después de asistir a la conferencia, dejó sus cigarrillos, y nunca fumó otra vez. Esta pareja me apreció mucho, y años después fueron los padrinos en mi boda.

SEGUNDA PARTE

Pat sabía cómo ajustar la cuerda para que sonara dulce la música.

Capítulo 7

Noviazgo y Vida Matrimonial

Mi amado es mío, y yo suya.

CANTARES 2:16

Patricio García era un hombre cristiano y bien parecido que vivía en Donna, y un conocido de mis días escolares. Fue el séptimo hijo de Victoriano García y María de la Luz Moreno, nacido el 17 de marzo de 1917. Patricio empezó la escuela en el este de Donna a los siete años, allí fue donde Patricio y yo nos conocimos. Un día Pat estaba jugando con la fuente de agua en el patio y cuando pasamos lanzó chorros de agua sobre mí y mis amigas. Luego se echó a correr. Mientras corría, le grité: "Patricio sonso, nos mojaste a todas." Creo que me impresionó ese día, pero no en una manera favorable. Pat y yo seguimos en la escuela juntos hasta 1929 cuando la Gran Depresión nos obligó a abandonarla y buscar trabajo. Años después, Patricio me dijo que un día cuando tenía unos quince años, me vió caminando y pensó:

"Cuando yo sea grande me gustaría Beatriz para mi esposa."
Años después, su deseo se realizó.

Patricio fue bautizado en el nombre de Jesucristo, en julio de 1936, en la ciudad de Weslaco, por su hermano mayor, Guadalupe García (quien tenía por sobrenombre Lupito). Después de la conversión de Pat, se dedicó al ministerio de la música tocando la trompeta, guitarra y piano. A pesar de que vivía en Donna, Pat venía a los servicios en Mission. El pastor, Lupito García, y su esposa vivían en la propiedad de la iglesia. Ésta era la iglesia a la que yo asistía. Como Pat no tenía automóvil, todos los domingos se paraba en la calle a esperar que algún carro lo recogiera y le diera transporte de Donna hasta Mission. Pat tocaba la guitarra o la trompeta y yo tocaba el piano en cada servicio, por lo cual, naturalmente, nos hicimos amigos.

Un sábado, yo había ido a la iglesia para reemplazar una cuerda rota en el piano. Pat, que estaba visitando a su hermano, me sorprendió al entrar a la iglesia y preguntarme que era lo que estaba haciendo. Después que le dije, ofreció ayudarme. Yo ya había colocado la cuerda de un extremo al otro y ahora se necesitaba apretarse y ajustarse. Esto no es una tarea fácil, ya que requiere una persona con una buena afinación del oído. Siendo un guitarrista, Pat sabía exactamente cómo ajustar la cuerda para que sonara dulce la música. Esta vez la impresión que me dejó Pat fue favorable y tocó una nota de mi corazón. Resultó que Pat había escrito una carta para mí y tenía la esperanza de dármela esa mañana. Él me preguntó si yo se la recibiría. Le dije que lo haría. En el momento de recibirla, me di cuenta que una lágrima rodaba por su rostro. Esa lágrima me conmovió. Él no pudo decir otra palabra, por lo que se despidió y salió del edificio.

En mi camino a casa, abrí la carta. Era una carta de amor en la cual me preguntó si yo lo aceptaba como mi novio. Esto no fue una sorpresa para mí, porque ya me había dicho mi primo Arcadio que Pat me amaba, pero que no sabía cómo decírmelo. Él le había dicho a mi primo Arcadio que tenía miedo de que lo rechazara, como a los otros que me habían propuesto noviazgo. Yo no tenía prisa por responder. Varias semanas más tarde cuando Pat vino a afinar la guitarra para tocar en el servicio del domingo, me preguntó si estaba en la clave de "Sí". Yo sabía lo que estaba diciendo. Él quería saber si mi respuesta, era "Sí." Le contesté que no era en "Sí", pero en "Mí". En otras palabras, la decisión todavía era mía.

Yo estaba muy feliz con mi vida de soltera, y estaba tan enamorada del Señor Jesús, que me sentía alegre y completamente satisfecha. A pesar de que había otros jóvenes en la iglesia interesados en mí antes de Pat, nunca sentí que necesitaba más amor del que había encontrado en mi Cristo. Yo sólo quería agradar al Señor, y no sentía la necesidad de casarme. Ahora creo que el fracaso del matrimonio de mi madre había dejado una gran herida en mi corazón. Yo le había dicho en privado al Señor que preferiría morir antes que tener un matrimonio que fracasara. Yo no quería casarme y tener hijos que posiblemente podrían sufrir una vida sin amor de padre como yo había sufrido. Una relación que condujera al matrimonio no era algo que estaba ansiosa de considerar.

Decidí visitar a mi madre y a mi padrastro en México y contarles de Patricio. Durante esta visita, tuve la oportunidad de ver a mi media hermana, Teodora, que ahora estaba casada con dos hijos, Horacio y César, y vivía con mi mamá. Ese día, mi hermana y algunas de sus amigas decidieron ir al río a bañarse, y me invitaron. Todas eran muy buenas nadadores, pero yo no lo era. El río no estaba profundo cerca de la orilla, pero más lejos sí estaba, y la corriente era muy fuerte. En el medio del río estaba una isla de roca como de unos tres metros cuadrados. Todas las chicas, excepto yo, nadaron hasta la isla. Mi hermana me llamó que me echara a nadar. Le dije: "No, yo no sé nadar y me puedo ahogar." Su respuesta fue que yo no debía ser una cobarde y que si me hundía, ella me venía a salvar. Así que me tiré al agua y traté de cruzar nadando. La corriente me arrastró rápidamente hacia abajo. Sentí que mi cuerpo se tragó toda el agua. Todo se tornó de color amarillo, y eso fue lo último que supe. Cuando desperté, estaba tirada en la orilla del río, en medio de un charco de agua, que yo había tosido. Mi hermana, que estaba embarazada de seis meses, había saltado para salvarme la vida. Una vez más, gracias a Dios y a mi hermana, fui salvada de la muerte.

Regresé a Texas a los pocos días, y estaba feliz de estar viva y poder a mi familia y a Pat de nuevo. Desafortunadamente, recibí noticia a los cuantos meses que mi hermana Teodoro había dado a luz, pero la niña no vivió. Ellos tanto deseaban una niña. Unos años después, una mujer joven que ya tenía niños que vivían con su madre en otro estado de México, deseaba darle a mi madre el niño o niña que esperaba como pago por su parto. Ella y su esposo no tenían dinero para criar otro niño. Mi madre dijo que sí le ayudaría, y que si era niña, la quería para Teodora. Dió a luz a una niña y fue recibida con mucho amor. Le nombraron Ana María Arizpe Rutoskey. Dios había preparado para mi hermana una hermosa niña que fuera para ella su hija hermosa y amada. La madre se quedó unos cuantos días para darle pecho a la bebé, pero pidió que le taparan la carita porque no la podría dejar si la veía. Esta niña fue registrada como hija de mi hermana y su esposo Dionicio (por sobrenombre, Nicho).

Pat esperó dos meses por mi respuesta. Él sabía que yo necesitaba tiempo y estaba dispuesto a esperar. Durante ese tiempo, me di cuenta de que, por primera vez, sentía un cariño muy especial y atracción por él. Pat era un hombre simpático, sincero, y pacífico. Él me había escrito una carta de amor y estaba pacientemente esperando mi respuesta.

Cristo también nos escribió su carta de amor en la Biblia y nos espera que lo aceptemos de nuestra propia voluntad. Nunca me apresuro a hacer la decisión. Con el tiempo, me di cuenta que yo estaba profundamente enamorada de Pat. Sin embargo, todavía había una cosa que me preocupaba, tenía que ver con su edad. Él tenía veintiún años y yo iba en veinticuatro. Yo pensaba que era demasiado joven para mí. O talvez yo estaba preocupada porque los dos maridos de mi madre habían sido mucho mayores, como era la costumbre entonces. Finalmente le escribí una carta y le dije cuál era el problema. Pat respondió rápidamente, diciendo que nuestra diferencia de edad no significaba nada para él. En mi próxima carta le hablé de un marido que yo conocía que siempre se refería a su esposa de más edad como su "vieja." Le dije que debido a nuestra diferencia de edad, que tendría que rechazar su propuesta. En su siguiente carta, Pat me prometió que si el Señor le concedía su deseo de casarse conmigo, nunca diría una palabra acerca de mi edad. Decidí entonces que la respuesta en "Mí" era "Sí". La próxima vez que nos vimos me dió su retrato y me pidió uno mío.

Esa semana le escribí y le dije que tenía retrato pero no quería enviarlo por correo porque había "algo más" que le quería dar. La próxima vez que nos vimos, para mi sorpresa, me pidió un beso. Pensó que el "algo más" de que yo me había referido en mi carta, era un beso. ¡Lo que yo había planeado darle era una cartera para mantener mi retrato! Me puse tan ofendida que quería quebrar con él. En mi modo de pensar yo sentía que el beso sólo se debía darse después de casarse la pareja. Yo sentía que él no me respetaba. Se disculpó y me pidió perdón. Ambos acordamos que íbamos a esperar hasta el día de nuestra boda. Entonces le di la billetera con mi foto.

Un día, Pat vino a nuestra casa con mi primo Arcadio. Mi abuelo se fijó en él, aunque nadie se lo presentó, y él me preguntó más tarde: "¿Quién es ese joven tan guapo que vino a la casa?" Le dije que era mi novio. Yo estaba feliz de que mi abuelo aprobara de Pat. Pat me pidió que me casara con él muy pronto después de haber respondido "Sí", pero mi abuelo se enfermó y yo le dije que deberíamos esperar hasta que mi abuelo se mejorara. Desafortunadamente, su salud empeoró y poco después falleció. Un año después de la muerte de mi abuelo, Pat dijo que era tiempo de establecer la fecha de la boda. Yo también acordé que era tiempo, y Pat envió un mensaje a mi madre en México pidiéndole permiso para casarse conmigo. Mi madre no respondió por tres meses. Por último, uno de mis familiares fue a visitar a mi madre y le preguntó por qué ella no había contestado dando su permiso tocante a mi matrimonio. Ella se sorprendió y dijo: "¿Por qué me piden permiso? Beatriz tiene la edad suficiente para hacer esa decisión. Si eso es lo que ellos quieren, entonces deberían casarse. Sólo tienen que decirme cuándo y yo vendré a la boda. "Dos años habían pasado, así que, para cuando me casé con Pat, él había llegado a tener veinte y tres años.

Finalmente la fecha se fijó para el 12 de mayo 1940. Nuestra boda fue hermosa. Marcos (hermano de Pat) tocó el piano y cantó "Dios bendiga las almas unidas". Mi dama de honor fue Margarita DeLeón, y su esposo Eliezer fue nuestro padrino. Ellos donaron el pastel de bodas. Mesas decoradas para comer se instalaron en el patio de la iglesia. Después de la ceremonia pudimos disfrutar de una cena de recepción. Mi madre vino con un regalo muy especial de unos "cabritos" frescos y preparados muy sabrosamente. La hermana mayor de Pat, Delfina, quien era una excelente cocinera, trajo pollos recién preparados.

Nuestro Dia de Boda, 12 de mayo, 1940

Inmediatamente después de la ceremonia, Pat tomó mis manos entre las suyas y me dijo que tenía gran deseo de tocar mi mano izquierda, ya que cada domingo, cuando nos saludábamos el uno al otro en la iglesia, sólo había tocado mi mano derecha. Ese día, Pat y yo nos besamos por primera vez.

Al día siguiente nos fuimos para General Bravo, México. Mi madre había preparado una segunda ceremonia de boda (tornaboda) en su casa. Mi dama de honor fue Chata Guajardo, y ella se encargó de los arreglos de la boda y la recepción. Después de nuestra luna de miel en México, nos regresamos a Mission, y nos ubicamos en uno de los edificios en la propiedad de la iglesia. Fue el edificio que habíamos utilizado anteriormente para las clases de la escuela cristiana privada. Adela nos alquiló este lugar que fue nuestro primer apartamento. Mi tío Bene y Tomasita habían regresado de El Paso y tomaron de nuevo el pastoreado de la iglesia en Mission. Ellos también vivían en uno de los edificios en la propiedad.

Yo había orado por la conversión de mi madre por más de siete años. Un día, muy poco después de que me casé, mi oración fue contestada. Mi madre recibió al Señor en su corazón y pidió ser bautizada. Ella se había arrepentido de verdad, y para mi sorpresa, dejó de fumar en ese mismo día por el resto de su vida. Poco a poco la vida de mi madre pasó por una transformación. Fue maravilloso ser testigo del cambio que puede ocurrir en la vida de un corazón que se entrega al Señor.

Un día, mientras que Pat y yo caminábamos por el vecindario, vimos una casa antigua y abandonada, que estaba de venta. Pat y yo decidimos que si pudiéramos comprar la casa y derribarla, podríamos utilizar la madera para construir nuestro primer hogar. Hablamos con el dueño y nos dijo que nos vendía la casa por veinte y cinco dólares. Rápidamente nos pusimos de acuerdo para comprarla.

Los miembros de la iglesia desempleados se ofrecieron a ayudar a desmantelar la casa y limpiar la madera. Los trabajadores estaban más que felices de trabajar en cambio de un almuerzo. El hermano de Pat, Marcos, era carpintero y estaba desempleado. Una vez que la madera estaba lista, él nos ayudó a construir nuestra casa en Mission sobre la propiedad junto a la casa que habíamos rescatado mediante el pago de los impuestos atrasados. Se utilizaron los doscientos dólares que yo había logrado ahorrar después del juicio del accidente de mi padre, para completar la casa. Ahora teníamos una casa propia, y pagada. Pat y yo trabajamos colocando paneles de madera para terminar el trabajo. Yo medía y marcaba la madera, y Pat la cortaba y la clavaba. Pat construyó un cajón para regalos de mi boda y yo hice cojines para el asiento, que también sirvió como sala de estar en el comedor.

Pat construyó una tabla de planchar en la pared oculta, con una puerta que se cerraba y se aseguraba. El ropero en el dormitorio también se utilizó como nuestro cuarto de baño. Allí poníamos una bañera y la llenábamos con agua de un balde. También hicimos los estantes y armarios en la cocina. Cubrimos la madera en el dormitorio con un papel bonito. Nos mudamos a nuestra casa y nos preparamos para recibir a nuestro primer hijo. Rubén Eduardo nació en esta casa en Mission, el 13 de febrero del 1941. El Dr. Walker llegó a la casa para ayudar con el parto. Mi madre vino de México y se quedó seis semanas para ayudarme.

El verano después de que nació Rubén Eduardo fuimos a visitar a mi madre en México. Durante nuestra visita vimos a otros miembros de la familia. En muchas ocasiones estaba de visita mi primo Ernesto Cantú. Ernesto era siete años menor que yo, y tuvo la suerte de haber terminado la universidad, y ahora era un profesor. Durante estos años, el ateísmo, comunismo, y socialismo se habían convertido en doctrinas populares en las escuelas. Me dijo que debido a esto, era costumbre que los profesores saludaran cada mañana a sus alumnos con esta frese, "¡No hay Dios!"

"¡Nunca ha habido, y nunca habrá!" respondían los alumnos.

Cuando mi primo me dijo esto, mi corazón se entristeció a causa de su incredulidad, por lo cual le mostré un versículo de las Escrituras de la Biblia que dice: "Dice el necio en su corazón, no hay Dios." Porque yo amaba a Ernesto y él me amaba y me respetaba, él sabía que yo le hablaba con sinceridad y amor. Él sabía que yo estaba orando por él para que él creyera en Dios y experimentara la misma alegría que yo había encontrado. Cuando yo iba de visita, siempre alguien de la familia me pedía que cantara un himno, algo que yo siempre estaba dispuesta a hacer. Años más tarde, mi primo Ernesto me dijo que los himnos le tocaban su corazón, y finalmente, la Palabra de Dios encontró lugar en él. Se convirtió en una tremenda bendición para muchos. Él ofreció su talento de enseñar al servicio de Dios. Ernesto se casó con una hermosa hermana en el Señor, llamada Ruth Soto de Los Ángeles, California, que hasta hoy sigue siendo mi amiga querida. Ella le ayudó a Ernesto en la obra Cristiana durante el tiempo que se desempeñó como pastor en las ciudades de Corona, y Arlington, California. Ernesto fue un maestro de la Palabra de Dios y por muchos años ocupó los puestos de Director de Educación Cristiana y Secretario General en la Mesa Directiva en la iglesia Apostólica. Poco después de su conversión, Ernesto organizó la organización de jóvenes, Los Mensajeros de Paz, y fue electo su primer presidente. También por muchos años escribió *El Expositor y El Heraldo* de la Asamblea.

Esta visita a México, en particular incluyó un evento asombroso. Un día había lavado los pañales del bebé y los estaba colgando en el tendedero en el patio trasero. Porque yo estaba mirando hacia arriba, no me di cuenta de que en el suelo a mis pies estaba una pequeña serpiente coral que es venenosa y mortal. De repente, el perro de la familia saltó entre mis piernas sin yo saber por qué. Dado que la serpiente tenía por objetivo morderme, mordió al perro en la boca en vez de en mi pierna. Entonces el perro soltó un grito doloroso, y vi a la serpiente por primera vez. Mi padrastro, Jesús, quien estaba sentado en el porche presenció el ataque y saltó por encima; cogió un palo y la mató. Rápidamente tomó el perro y sacando su navaja del bolsillo, con habilidad cortó abierta la herida para extraer el veneno. La cabeza del perro se hinchó, pero todos los días durante una semana, mi padrastro atendió la herida hasta que se recuperó el perro. A través del instinto y la lealtad de un perro de la familia, el Señor me había salvado la vida una vez más.

La Segunda Guerra Mundial comenzó tan sólo ocho meses después de que Pat y yo nos casamos. Todos los hombres estaban siendo reclutados para servir en el ejército. En 1941 Pat tenía que ir a inscribirse en el ejército, pero lo dispensaron porque en ese momento no tomaban a los hombres recién casados. Tuvo que volver a registrarse en 1942 y esta vez lo dispensaron porque tenía un hijo recién nacido. Al año siguiente, en 1943, Pat acababa de comprar un camión y estaba trabajando en la agrícola. Ese año eximían del servicio militar a todos los agricultores. Por último, en 1944, cuando la guerra estaba en su apogeo, fue llamado de nuevo. Esta vez oramos sin cesar. Tanto Pat como yo, al igual que la familia de la iglesia, oramos y ayunamos. Incluso nuestro hijo Rubén, de tres años de edad, dijo que estaba orando y ayunando también. Pat regresó de su entrevista con la oficina de reclutamiento, y nos dió la noticia. Después de darle su examen físico, le encontraron una pequeña hernia, y por ello estaba exento de nuevo. ¡Alabado sea el Señor! Ese mismo año fuimos bendecidos con el nacimiento de nuestro segundo hijo Ramiro Israel. Mi madre vino de México para ayudarme con el parto del niño. Ramiro nació en la casa el 8 de noviembre de 1944.

Capítulo 8

Prueba con Fuego

Para que sometida a prueba vuestra fe,
mucho más preciosa que el oro, el cual
aunque perecedero se prueba con fuego,
sea hallada en alabanza, gloria y honra
cuando sea manifestado Jesucristo.

1 PEDRO 1:7

Era la mañana del 11 de noviembre 1946, nuestro hijo mayor, Rubén Eduardo, que tenía cinco años, se despertó un poco tarde. Tan rápido como pudo, corrió a prepararse para ir a la escuela. Debido que la mañana estaba nublada, el conductor del autobús no vio a Rubén que corría de la casa hacia la parada del autobús y se fue sin él. Rubén se regresó a casa, y como teníamos tiempo para platicar, felizmente me contó del sueño hermoso que había tenido esa noche. Entonces empezó a jugar con Ramiro, que acababa de celebrar su segundo cumpleaños tres días antes. Pat se estaba preparando para irse al trabajo y los niños le pidieron un pequeño paseo alrededor de la cuadra en su camioneta.

Pat estuvo de acuerdo, se subieron en la camioneta y se fueron. Me puse a limpiar la cocina, y de repente oí de la calle el ruido de carros estrellarse y sentí que se estremecio mi corazón. La sensación que algo terrible había sucedido se confirmó cuando vi a Pat gritando y corriendo por la calle hacia la casa.

Al llegar a la encrucijada que estaba a poca distancia de nuestra casa, un joven de diez y seis años que estaba aprendiendo a manejar, se pasó con rapidez sin dar alto. Estrellando con golpe fuerte contra la camioneta en el lado de Pat, la puerta de pasajeros se abrió y el impacto lanzó a los niños a la calle. La camioneta pasó por encima de los dos, matándolos al instante. Oí el choque desde la casa y sentí que algo terrible había sucedido. Cuando vi a Pat corriendo y con gritos hacia la casa, se confirmó mi terror. Lo siguiente que vi fue los cuerpos de nuestros dos hijos preciosos muertos en medio de la calle. ¡Nunca puedo olvidar este día, el más triste de mi vida! Nuestros niños queridos, arrebatados de nuestro lado en un instante. Cincuenta años después, escribí sobre el sueño que Rubencito me había dicho por aquella mañana, que se titula,

El Sueño de Rubén

Mamá, tuve un hermoso sueño,
Mi hermano y yo en una canoa;
Remando en un río hermoso,
Con muchas flores brotando.

Mi querido niño dulce, La hierba en tu tumba,
Durante muchos años ha ido creciendo;
En este sueño viste tu destino,
Como muy pocos han soñado.

**Ramino Israel (de 1 año) y
Ruben Edwardo (de 4 años)**

La trágica muerte de nuestros dos hijos, Rubén y Ramiro, fue insoportable. No podíamos creer que ya no estaban vivos. Cada vez que una puerta se abría, esperábamos ver a los niños entrar. Todo nos recordaba a nuestros preciosos hijos, y lloramos por ellos sin cesar. Cada noche, las almohadas estaban húmedas de lágrimas. En gran manera los extrañábamos. Sin embargo, el Señor me había dado una señal que sólo fui capaz de entender después de que se habían ido. Nueve días antes de la muerte de mis hijos, yo había visto una visión. En esta visión, el Señor me llevó a un cerro alto. Allí vi dos luces paralelas que cruzaban el cielo. Viajaron juntos de un lado hacia el otro, desde el amanecer hasta el atardecer. Una voz me dijo que contara las veces que aparecían, porque son "el número tocante la muerte." Ese número fue nueve. La novena vez, en medio del cielo, las dos luces se apagaron. Yo había interpretado que la visión significaba que me iba a morir en nueve años. Me consolé en pensar que los niños ya no serían tan pequeños al irme yo. Sin embargo, mi interpretación estaba incorrecta, pues fueron exactamente nueve días después, al mediodía que mis hijos fallecieron. Por mucho que deseaba que pudiera volver atrás el tiempo y cambiar los acontecimientos de ese día, yo sabía que mi visión y el sueño de Rubén significaban que la muerte había sido predestinada. Por lo tanto, nunca podría culpar a Pat del accidente, y le impedí culparse a sí mismo. El perdón fue fundamental para la preservación de nuestro matrimonio. Yo sabía que estaba comprometida a mi matrimonio por toda la vida.

Clamamos al Señor en busca de consuelo, pero las lágrimas seguían corriendo. Sus voces, sus risas, sus juegos, todo terminó tan repentinamente. ¿Dónde estaban sus preguntitas y palabras de amor? La casa y todo me traía recuerdos de nuestros queridos hijos. Finalmente aceptamos el hecho de que ya no estaban, y que sólo quedábamos los dos. Declaramos como Job: "El Señor da y el Señor quita, sea Él nombre del Señor bendito". No estábamos enojados con el Señor, o con nuestro destino, pero cómo echábamos de menos a nuestros niños. Patricio empezó a orar para que tuviéramos otro hijo. Prometió que si el Señor le concedía su deseo, iba a dedicar su vida al servicio del Señor. Yo también consagre me vida al Señor. A causa de esta experiencia, he tenido la oportunidad de consolar a madres que han sufrido la pérdida de un hijo, y les he impartido palabras de esperanza en el tiempo de su duelo.

Poco después de nuestra gran pérdida, nos informamos de una convención en Riverside, California. Grupos de miembros de las iglesias de todas partes de los Estados Unidos iban a participar. Los miembros de nuestro grupo nos invitaron. Pensaron que tal vez el viaje nos ayudaría con el gran dolor de nuestro corazón. Todos los miembros sabían de nuestra pérdida. Más tarde me enteré que durante la convención, una mujer inconversa, se sintió tan conmovida después de oír de nuestra fe inquebrantable en medio de nuestra terrible prueba, que decidió aceptar el evangelio y fue bautizada.

Mientras estuvimos allí, el hermano de Pat, Lupito, que se había trasladado de Mission, nos invitó a que viniéramos a Yuma, Arizona, para ayudar con el ministerio de la música en la iglesia donde ahora estaba de pastor. Nos pusimos de acuerdo, y en poco tiempo después de llegar, organizamos el grupo de jóvenes.

Yo di clases de piano y Pat de trompeta gratis a los que querían, y organizamos un coro de jóvenes, enseñándoles a leer música y a armonizar. La hermana Carmen Granillo dirigió el coro y yo tocaba el piano. Esto produjo un reavivamiento y varios jóvenes fueron bautizados. Sentimos una alegría renovada en nuestras vidas. Oré que el Señor continuara llenando el vacío y quitando el dolor en mi corazón. Pat encontró trabajo en una gasolinera en Yuma y en las noches ayudábamos con el ministerio de la música.

Nos quedamos en Yuma por seis meses, desde diciembre hasta los finales de mayo. En junio muchos de los jóvenes adultos se fueron a California durante el verano para buscar trabajo. Pat y yo decidimos viajar y visitar otras iglesias Apostólicas. Visitamos las iglesias en Los Ángeles y El Paso, y luego regresamos a nuestro hogar en Mission. Pronto entendimos que todavía había muchos recuerdos y no era posible vivir allí. Entonces el hermano Eliezer DeLeón y su esposa Margarita nos invitaron que nos fuéramos a Weslaco, Texas. La iglesia en Weslaco tenía una propiedad que tenía una pequeña casa de una recámara desocupada, y nos mudamos allí.

Durante el tiempo que estuvimos en Weslaco, me fijé que había muchos niños en la iglesia, y en la vecindad. De niña, yo había asistido a las clases de escuela bíblica de vacaciones en la iglesia Metodista, y tenía gratos recuerdos. Como también el Señor me había concedido ser maestra de la escuela cristiana privada, sentí el deseo de hacer esto para los niños en Weslaco. Le expresé a la hermana Margarita mi deseo de establecer una escuela. Nos pusimos de acuerdo que ella me ayudaría con este propósito. Me ayudaba a reunir los niños y con la preparación de los refrescos y yo daría las clases de Biblia.

Así fue como empezamos la primera Escuela Bíblica Apostólica de Vacaciones en Weslaco. Las clases se llevaron a cabo en el Templo La Hermosa, que era espacioso. Invitamos a niños de la vecindad, y a los niños de las iglesias cercanas. En total, asistieron unos cincuenta niños ese año. El último día de la escuela tuvimos un programa y asistieron muchos de los padres y escucharon el evangelio.

Una bendición que recibimos durante nuestra estadía en Weslaco, fue el nacimiento de nuestro tercer hijo. Mi hijo nació bueno y sano, pero durante la entrega me dieron demasiado éter, y después del parto las enfermeras no fueron capaces de despertarme. Durante ese tiempo soñé que estaba caminando a solas en un lugar lejos, abierto y abandonado. No había calle, hierba, ni árboles, caminaba sola y me alejaba. Finalmente, después de siete horas, comencé a escuchar la voz de mi madre gritando mi nombre, débilmente al principio, y luego más y más fuerte, hasta recuperar pleno conocimiento. Una vez más, mis días en la tierra habían sido extendidos. Cuando desperté y vi a mi hijo, me alegré grandemente.

Habíamos recibido respuesta a nuestra súplica. Le nombramos Rubén, como nuestro primer hijo. Con lágrimas de alegría recibimos nuestro nuevo pequeño. ¡Qué bendición tener otra vez un niño en nuestra casa, uno que podíamos abrazar junto a nuestro pecho y llamar nuestro hijo! Uno que nos llamaría "mamá" y "papá". Él era dulce, inteligente y lleno de gracia, igual que sus hermanos. Nunca quería oírlo llorar, eso me dolía demasiado. Amigos y familiares enviaron regalos y tuvimos la bendición de la restitución de un hijo. El mundo nuevamente brillaba de alegría. En agradecimiento alzamos voz de alabanza a Dios. Renovamos nuestra promesa de servir al Señor el resto de nuestras vidas. Oramos también por nuestro nuevo hijo, que él también consagrara su vida al Señor y que también pudiera guiar a otros a la luz de Dios.

Inmediatamente después de que nació Rubén, mi querida mamá Severita tuvo un ataque de corazón. Puesto que ella vivía sola con su hija, Toñita, que había quedado coja desde la infancia a causa de una enfermedad y necesitaba ayuda. Nuestra casa estaba en el proceso de ser trasladada de Mission a un terreno vacío que habíamos comprado en Edinburg. La casa se levantó y fue situada en una plataforma con ruedas grandes. Dos semanas después, cuando nuestra casa había sido transportada y establecida, mamá Severita vino a vivir con nosotros. Toñita vino también, y se encargó de la cocina mientras yo estaba al tanto de mi recién nacido y de mi abuela. En realidad, esto puso una gran demanda en mi vida, pero yo estaba dispuesta a hacerlo. La salud de mi abuela se mantuvo estable durante ocho meses. Un día tuvo un segundo ataque del corazón y todos pensábamos que había muerto. Llamamos al médico. De inmediato me arrodillé junto a su cama y sosteniendo su mano, oré para que Dios no se la llevara en ese momento. Ella tenía una hija ciega, (mi tía Adela), que vivía en México quien nos había hecho prometer buscarla antes de que su madre muriera. "Ya que no puedo verla, quiero oír por lo menos la voz de mi madre antes de que ella fallezca", había dicho Adela. El Señor escuchó mi oración y revivió a Mamá Severita. Nosotros enviamos un mensaje a Adela que viniera tan pronto como fuera posible. Llegó el mismo día. El médico nos dijo que este ataque del corazón le costaría la vida. Mamá Severita vivió una semana más. Durante este tiempo llegaron conocidos a visitarla. Un día llegó la hermana Ebelia. Mi abuela, inmediatamente le presentó a Adela. Ebelia se quedó muy impresionada que la paciente, no los cuidadores, fuera la persona más atenta, haciendo las presentaciones. Le dió un cumplido a Mamá Severita tocante a su presencia de ánimo.

Ella respondió: "Sí, todavía estoy aquí, pero en realidad, no estoy."

"¿Cómo puedes decir eso?" le pregunté.

"Mi cuerpo está aquí, pero estoy muy, muy lejos. No tengo miedo de morir. La muerte es sólo un paso más adelante." Ella se volvió hacia los demás en la sala y dijo: "Quiero llamar una ambulancia para que me lleven a mi casa en Mission. Me voy a ir con el Señor de allí. No quiero que Beatriz tenga el recuerdo de que yo morí en su casa."

El día que murió, me sentí confortada por sus palabras, "No tengo miedo de morir." Para su entierro vestí a Mamá Severita con un vestido nuevo que yo le hice. Para mí, ella se veía hermosa. Su espíritu estaba libre y en la presencia del Señor.

Un día, varios años después de la muerte de nuestros hijos, Pat llegó a la casa del trabajo. Me di cuenta por la mirada en su rostro que había algo que tenía que decirme. En su camino a casa, había un automóvil siguiéndolo muy de cerca, y con gran apuro. El camino era estrecho y de sólo un carril en cada dirección. Mirando en su espejo retrovisor, Pat vió al conductor abrazado de un niño joven en el asiento junto a él. El conductor se movía hacia la izquierda para pasar a Pat. Un camión remolque venía a la vuelta de la curva, visible a Pat, pero no al conductor que venía detrás de él. Pat se movió rápidamente hacia la derecha lo más que pudo, poniendo en peligro su propia vida, escapando de la zanja, para dejar lugar para que el conductor del auto pudiese pasar y evitar una colisión frontal. Pat, que hasta sus últimos días siempre conocía las caras, me dijo que el conductor era el joven (ahora con un hijo propio) que había matado accidentalmente a nuestros dos hijos. Pat me dijo que lo primero que le llegó a la mente fue: "¿Irá a experimentar este hombre la gran pérdida que yo sufrí, el dolor indescriptible de perder su vida o la vida de su hijo?" Luego pensó: "No, yo nunca podría permitir que le pasara eso, y por la gracia de Dios le he perdonado." Pat puso en peligro su propia vida por ellos. ¡Alabado sea Él Dios de gloria, que nos llena de su vida que tiene poder para perdonar!

Capítulo 9

Nuestro Ministerio en Texas

Porque somos obra suya, creados en
Cristo Jesús para buenas obras, las cuales
Dios preparó de antemano para que
anduviésemos en ellas.

EFESIOS 2:10

Los creyentes apostólicos en Mission habían comprado
una propiedad en Edinburg con el propósito de algún
día hacer una iglesia sobre el sitio. Esta propiedad estaba al
lado del terreno baldío que Pat y yo habíamos comprado
en Edinburg y a donde mudamos nuestra casa de Mission.
Sólo nos faltaban los medios económicos para levantar un
edificio de iglesia. Pat estaba dispuesto a servir al Señor
como lo había prometido. En Edinburg, Pat conoció al
Pastor de la iglesia Pentecostal Unida, y le preguntó al Pastor
Burkley si nos daba permiso de utilizar su edificio una vez
a la semana para comenzar los servicios de habla hispana. El
Pastor accedió.

Pat dirigía el ministerio de adoración y música con la trompeta y yo tocaba el piano. Con el tiempo llegaron a visitarnos algunas almas que deseaban acercarse a Dios. Dado que ambas congregaciones eran pequeñas, también asistíamos a los cultos de habla inglesa con el pastor Burkley.

Un joven mexicano comenzó a escuchar la palabra de Dios y comenzó a asistir a las reuniones con regularidad. Era un músico muy educado, con el nombre de Sabino Estrada, y había sido director de una orquesta en México. Con una pianista y dos trompetistas (o un guitarrista, porque Pat sabía cómo tocar los dos instrumentos) empezamos a hacer música de alabanza al Señor.

Un número de trabajadores migrantes mexicanos comenzaron a venir a los cultos a escuchar el evangelio, y se alegraron nuestros corazones. Sin embargo, no pasó mucho tiempo, cuando el enemigo de Dios vino a interrumpir el progreso espiritual. Un día Pastor Burkley se disculpó con Pat y le informó que ya no podía darnos permiso de utilizar el edificio de la iglesia. A uno de los miembros, una mujer influyente que era una partidaria financiera fuerte, no le gustaba ver a los mexicanos pobres en la congregación. Pat y yo nos inclinamos de rodillas en oración. "Señor, necesitamos un lugar propio donde se pueda presentar el evangelio sin restricciones a las almas."

Había en Edinburg tres familias que se congregaban en la iglesia en Mission. Entre ellas estaba la familia Canales. Cuando llegamos por primera vez a Edinburg, nos habían prestado su casa para las reuniones. Ahora sin un edificio de uso para cultos, comenzamos a tener reuniones de hogar allí de nuevo. Tenían una casa grande de tres dormitorios. Su familia estaba compuesta de madre, padre, seis hijos y tres hijas. Nuestra casa sólo tenia un dormitorio y estaba al otro lado de la calle. Durante los meses de verano, la familia con sus seis hijos y la hija menor, viajaba al centro de California para trabajar en los campos dejando a las dos hijas mayores, Bellita y Dora, en el hogar. En el verano de 1949 una de las muchachas dejó algo en la estufa y se fueron a trabajar. La casa se incendió. Los vecinos llamaron a los bomberos. Vi el fuego y sabía que las chicas ya se habían ido a trabajar. Pensé en el piano, el corazón de nuestras reuniones de la iglesia en casa. Corrí y le dije a uno de los bomberos si podría salvar el piano. Le dije exactamente dónde estaba. Él entró a la casa y yo oraba. Qué emoción y gratitud sentí cuando a través de todo el humo vi los bomberos salir con el piano.

Les escribí a Juan y Ebelia Canales que estaban en California y les conté sobre el incendio y la pérdida de su casa y posesiones. La hermana Ebelia me escribió y dijo: "Para que Satanás no se regocije en el daño que él hizo a nuestra casa, quiero que tomen cualquier madera que no se haya quemado y la utilicen para edificar la iglesia. En cuanto al piano, quiero dárselo a usted. Usted lo salvó, así que es suyo". La familia Canales, decidió quedarse en California y eventualmente compraron una casa en Visalia. Las hijas mayores permanecieron en Texas, y Bellita vivió con nosotros un breve periodo de tiempo.

El hermano Juan Canales se vino de California para ocupar a unos trabajadores en la limpieza de la madera que quedó buena para reutilizarla. La cantidad de madera fue suficiente para construir toda la iglesia. Marcos (el hermano de Pat) y su esposa Mela y sus cuatro hijos se mudaron a nuestra casa pequeña mientras que él, y los hermanos Mariano y Botello, ayudaron en la construcción del edificio. Mela y yo preparábamos la comida para los trabajadores y en poco tiempo el edificio fue terminado. Yo doné a la iglesia el piano que había sido rescatado del fuego y fue el primer mueble puesto en la iglesia. Fuera de la adversidad había surgido triunfo. Ahora necesitábamos llenarlo con sillas.

Un día, Pat y yo salimos rumbo a las tiendas en el centro de Mission para averiguar cuánto costaban las sillas. A medio camino se reventó una de las llantas. Encontramos una estación de gasolina y servicios para autos. Mientras Pat trabajaba arreglando la llanta, yo tomé a Rubén fuera del carro para caminar con él. Al llegar a la parte posterior de la estación de servicio, me fijé que había una pila de sillas plegables. Le pregunté al empleado de la estación de servicio acerca de ellas y me dijo que pertenecían a Enrique Flores. Reconocí el nombre ya que había sido nuestro vecino en Mission, y yo había sido maestra de su hijo en la escuela privada. Le dije al empleado por qué me interesaba y rápidamente llamó a Enrique y me pasó el teléfono. Enrique me dijo que acababa de poner nuevos asientos en un teatro que tenía y había puesto el almacenamiento de las sillas allí. Le expliqué nuestra necesidad. Sin pensarlo más de un minuto dijo: "Tome todas las sillas que quiera para el edificio. No tienen que pagarme nada." Aunque no quería dinero, yo le ofrecí un dólar por cada silla que le pagamos después. Levantamos nuestros corazones en gratitud. ¡Dios había provisto! Así fue como la primera iglesia Apostólica fue construida y amueblada en Edinburg.

Durante el tiempo que estuvimos trabajando en el edificio de la iglesia, Pat y yo tuvimos nuestra primera hija. La circunstancia de su nacimiento fue un gran testimonio de la misericordia de Dios. Una noche en mi séptimo mes, el médico vino a verme antes de irse de vacaciones. Estaba teniendo un poco de molestia en la espalda esa mañana pero pensé que era porque le había ayudado a Pat a empujar el carro esa mañana que no quería empezar. Después de comprobar el pulso dijo que quería examinarme. Al hacer esto inmediatamente anunció: "¡El bebé está en camino, ahora!" Quince minutos después yo estaba abrazando a mi hermosa hija. La nombramos Elizabeth. Ella nació prematura y pesó cerca de cinco libras. Yo la había dado a luz sin dolor. Una amiga cristiana me había dicho que ella había dado a luz sin dolor y yo lo encontraba difícil de creer, puesto que había experimentado dolor con mis otros partos. Pero ahora, yo creía.

Una vecina anglo-americana, Mildred, vino a ver a mi niña y se sorprendió que ella fuera tan blanca. Mildred dijo que ninguno de sus hijos nació tan blanco. Mi cuñado dijo que Elizabeth era la niña más hermosa que él jamás había visto. Yo estaba tan emocionada de finalmente tener una niña, y para mí Elizabeth era mi muñequita. Tío Bene y Tomasita tenían cuatro hermosas hijas, mis primas Estela, Emma, Dalia e Irma. Yo las quería mucho y disfruté peinándolas con trenzas francesas. También les había cosido muchos vestidos. Había llegado el día en que ahora podría hacer vestidos para mi propia hija.

En una ocasión, mientras que la iglesia estaba en construcción, los trabajadores habían dejado una escalera en condiciones de ascender a la zona del desván. Mi cuñada Mela y yo íbamos a diario al sitio de construcción para ver si había algo en que pudiéramos ayudar. Estábamos sentadas y platicando en el interior del edificio. Yo tenía a Elizabeth de un mes en mis brazos. Se me ocurrió mirar hacia arriba, y vi a mi hijo Rubén, que tenía veintisiete meses de edad, caminando en el tablón que había sido puesto a través de las vigas del techo para el acceso al cableado eléctrico. Este tablón sólo tenía un pie de ancho. Mi corazón empezó a golpear y me llené de temor. "Oh Señor, ten misericordia, protege a mi hijo que no se caiga", oré en silencio. Yo no grité. Le entregué mi bebé a Mela, me acerqué y subí la escalera. Cuando llegué a la cima, con calma llamé a Rubén, "Por favor, mi hijito, camina lentamente hacia mí." Sin vacilar se vino hacia mí, pero cada paso que daba hacía temblar mi corazón. Con acción de gracias alabé a Dios cuando ya lo tenía en mis brazos, y lo bajé con cuidado por la escalera.

Dios nos había bendecido con el edificio, el piano, y las sillas. Ahora necesitábamos nuevas almas. Un ministro conocido nos contó de una familia en el este de Edinburg en que la madre estaba muy enferma. Le prometimos que la iríamos a visitar. Un día me decidí a tomar un taxi a ese barrio para hablar con esta familia. Al llegar toqué la puerta y me presenté diciéndoles por qué había venido. Ellos me dieron la bienvenida. Se presentaron como la familia Revilla. La madre estaba gravemente enferma de abscesos y ampollas por todo el cuerpo. Su sobrecama estaba empapada de sangre y pus de sus llagas, y los medicamentos recetados no estaban ayudándole. Le dije que Cristo Jesús podía sanar a través de la oración, y que mi marido y yo íbamos a ayunar y a orar por ella. Unos días más tarde, después de ayuno y oración, Pat y yo fuimos a visitar la familia Revilla. Oramos sinceramente por ella y nos despedimos. Nuestras oraciones fueron contestadas. La próxima vez que fuimos a visitarla, sus heridas se habían curado por completo. La familia Revilla reconoció plenamente la curación milagrosa de Dios y empezaron a venir a nuestras reuniones. No mucho después, diez miembros de la familia ofrecieron su vida a Cristo y fueron bautizados. Otros que oyeron su testimonio también creyeron y fueron bautizados.

Durante este tiempo Pat había conocido a un ministro de habla inglesa y le pidió apoyo con nuestro ministerio en Edinburg. El hermano Sam Pesnell y su familia se unieron con nosotros. Pat le pidió que tomara la predicación de la Palabra. Un joven judío de apellido Diamond, también fue convertido a la fe cristiana y comenzó a reunirse con nosotros. Tanto él como el hermano Pesnell predicaban a la congregación en inglés. Una vez más, mi conocimiento de ambos idiomas se utilizó para la obra del Señor, ya que fui capaz de interpretar los sermones del inglés al español.

Aquí sigue un extracto de un testimonio escrito por el hermano Sam Pesnell en *El Heraldo Apostólico Editorial*, Febrero 15, 1952.

> *"Saludos en el nombre de Jesús: Qué dulce comunión hemos tenido en el Valle del Río Grande con los santos de nuestro Amado Señor Jesús. ¡Hemos visto el verdadero poder de Pentecostés en nuestro medio! Hemos estado ayudando al Hermano y a la Hermana García en Edinburg, Texas. La hermana Bellita García ha estado enseñando a los jóvenes a cantar en español y en inglés también, y el Señor manifiesta su gracia y su gloria. El hermano Patricio es el pastor y es una bendición trabajar con él y su familia. He estado predicando en inglés y la Hermana García traduce los sermones al español."*

> *Amor y Paz a todos los santos.*

> *Su hermano en Cristo, Sam Pesnell.*

Gloria al Señor que nos había proveído todo lo necesario – la tierra, la madera, los constructores, las sillas, los ministros, el intérprete, el piano y la pianista, las trompetas y los músicos, y ahora los nuevos conversos.

Hubo grandes testimonios de sanidades y muchas almas se añadieron a la iglesia. El hermano Gil Moreno, (que ahora es mi pastor), su madre María, y hermanas, Aurora y Rosa, también vinieron de Mission y nos apoyaron en la obra del Señor en Edinburg. Fuimos pastores de la iglesia en Edinburg desde 1948 hasta 1953. En 1953 nos mudamos a Los Ángeles, California. Mi tío Bene se había trasladado a Los Ángeles y fue elegido Obispo Presidente en la Mesa Directiva de Asamblea Apostólica. En su casa pastoral había un apartamento en el sótano que estaba disponible para nuestra familia.

Pat y yo dejamos todo en Edinburg y donamos el terreno y nuestra cas a la Asamblea. Dejamos el edificio al nuevo pastor, libre de cualquier deuda.

Iglesia de Edinburg 1953 – El hermano Revilla y su esposa, Asistente Pastor Sam Pesnell y su esposa Ada, Pastor Patricio Garcia y su esposa Beatrice, y en la primera fila hijos Ruben y Elizabeth Garcia.

Capítulo 10

La Provisión de Dios

Mi Dios, pues, suplira todo lo que os falta, conforme a sus riquezas en gloria en Cristo Jesus.

FILIPENSES 4:19

Llegamos a Los Ángeles con muy poco dinero. Yo había quedado frágil de salud después de sufrir un aborto involuntario en Texas, y fui a ver a un médico poco después de llegar. El médico dijo que quizás sería bueno tener otro hijo, ya que esto podría ayudar a corregir mi problema. Por supuesto que Pat deseaba restaurar la familia con otro hijo, pero el Señor tenía otros planes. Con el tiempo nos regocijamos en recibir otra bella hija, Alicia Ruth.

El nacimiento de mi hija Alicia fue difícil y me dejó muy débil. Tuve una hemorragia durante el parto y había perdido mucha sangre. Mi tipo de sangre era difícil de igualar, y en esos días no había bancos de sangre, por lo cual no se me dió una transfusión. Aunque el médico no quería que me saliera del hospital porque estaba yo muy débil, yo insistí en que quería irme a casa. Esa noche tuve un sueño que yo iba a la presencia del Señor. Al acercarme a él, pensé, "¿Mis hijos vendrán también?" Él me dirigió una mirada compasiva, dándome a entender que iba dejarme permanecer con mis hijos.

Seis semanas después tuve mi examen. Cuando el médico me vió, notó algo raro e hizo una cita para mí en la Clínica de Cáncer. Esa noche sufrí una hemorragia y pasé lo que quedaba en mi útero. Pat me llevó a la sala de emergencias. Aunque yo estaba muy débil y el médico estimó que sólo quedaba una pinta de sangre en mi cuerpo, a causa de mi sueño yo tenía seguridad de que no iba a morir. Ahora creemos que lo que sufrí en ese parto se llama "placenta previa". Mi madre vino de México para ayudarme y se quedó un año hasta que me encontré en buena salud. El Señor escuchó las oraciones de mi esposo, mi madre, y muchos otros creyentes, y la misericordia de Dios me ha permitido vivir y criar a mis hijos en el camino de la fe.

Cuando salimos de Texas, Pat tenía un trabajo con un sueldo de treinta y cinco dólares a la semana. En Los Ángeles, Pat encontró un trabajo estable en una gasolinera y su salario inicial fue ciento treinta y cinco dólares a la semana. En Texas esto parecería una fortuna. Pronto pudimos alquilar nuestro propio apartamento. Un año después, Pat encontró un trabajo como conductor para el Servicio de Pico Wheel en el centro de Los Ángeles. Él recogía y entregaba las ruedas y neumáticos. Este ejercicio físico le ayudó a desarrollar grandes músculos, y a los niños les gustaba ver la flexión. Un día, Pat llegó a casa y me dijo que el propietario estaba buscando ayuda en la oficina. Alicia ahora tenía dos años, y me sentí cómoda con la idea de buscar trabajo y contratar a una hermana de la iglesia para que la cuidara. Fui a una entrevista y el Señor Chris Burdick me ofreció el trabajo de inmediato. Él me dijo que podía empezar por contestar el teléfono y con el tiempo él me enseñaría cómo hacer la contabilidad.

Cuando Rubén tenía nueve años, comenzó a trabajar como repartidor de periódicos de Los Ángeles Herald Examiner. Su mayordomo lo recogía temprano en la mañana y se iban a repartir. Rubén tiraba el periódico y completaba su ruta antes de irse a la escuela. Después de la escuela, vendía el periódico en la esquina de la calle en frente del Pico Wheel por lo cual podíamos observar su habilidad y arte de vender. Con su primer sueldo me compró un reloj de pulsera. Con futuros pagos nos compró un juego de sartenes en abonos pagando un dólar y cincuenta centavos por semana. Rubén también compró un conjunto de enciclopedia que nuestros hijos utilizaron durante sus años escolares. Creo que estos primeros años de experiencia de trabajo de ventas contribuyeron a su éxito profesional. Hoy en día, Rubén es el Director del Distrito de San Diego, de la Administración Federal de Pequeños Negocios. Además y lo más importante, Rubén y su esposa Alma están comprometidos con la obra del Señor y tienen reuniones en su hogar donde han presenciado los milagros maravillosos que el Señor ha hecho.

No mucho tiempo después de comenzar en el Pico Wheel, Chris me hizo la directora de la oficina. Éramos la única empresa en Los Ángeles que reparaba las ruedas de alambre. Cuando empecé, el negocio principal de Pico Wheel era de equilibrar y enderezar las ruedas. Uno de los empleados que trabajaba con nosotros tenía problema con la bebida. Se puso molesto porque Pat desaprobaba de su manera de beber en el trabajo y su lenguaje vulgar. Este empleado era muy hábil en la reparación de las ruedas de alambre, por lo cual Chris no se fijaba en su problema. Este empleado se quejó de Pat, y Chris decidió despedir a Pat.

Para entonces Pat había trabajado allí siete años y yo seis. Le dije: "Lo siento, pero si Pat no trabaja aquí, yo no trabajo aquí tampoco. Vamos a salir juntos." A la semana siguiente le escribió a Pat su cheque final, y yo le pedí que le agregara mi último sueldo también. Chris me suplicó que no me fuera porque me necesitaba; sin embargo, me despedí y Pat y yo salimos juntos. Yo no estaba preocupada. Sabía que Cristo abriría nuevas puertas y supliría todas nuestras necesidades.

El siguiente domingo por la noche regresando de la iglesia a casa, nos detuvimos en un semáforo en rojo. Un gran camión se detuvo frente a nosotros. Podíamos ver que la puerta del camión estaba abierta y llena de cajas. Cuando la luz cambió a verde, el camión se arrancó. Las cajas de arriba empezaron a mecerse, y una de las cajas cayó del camión. Luego, otra cayó a la calle en frente de nuestro carro. Pat tocó la bocina pero el conductor del camión no oyó y siguió su camino sin saber que estaba perdiendo su carga. Las cajas grandes estaban bloqueando la carretera y los niños salieron disparados a recogerlas y ponerlas en nuestro carro.

Seguimos la camioneta para tratar de devolverle las cajas pero una luz roja nos impidió y ya no pudimos alcanzarlo. Los niños estaban emocionados por saber lo que tenían las cajas. Al llegar a casa abrimos una y nos dimos cuenta que estaban llenas de cereales de almuerzo. Traían Frosted Flakes, Corn Flakes, Raisin Bran, Corn Pops, y por último, mi favorito, Rice Krispies. Disfrutamos de estos cereales por muchos meses. El Señor era verdaderamente nuestro proveedor.

Poco después, tuvimos un accidente automovilístico en la autopista. Fui herida con latigazo cervical. Recibí algo de dinero del seguro, y Pat lo utilizó para abrir una estación gasolinera en Hollywood. Durante este tiempo yo encontré varios empleos temporales. Un día al caminar hacia el banco, pasé por Pico Wheel. Chris me vió y me llamó a la oficina. Dijo que desesperadamente quería que yo volviera. Él no estaba contento con mi reemplazo y yo acepté regresar. Su negocio estaba decayendo tanto que acababa de rebotar un cheque de treinta y cinco dólares. No estoy segura por qué, pero en ese momento no negocié un sueldo mejor. Tal vez fue que no me di cuenta entonces de lo mucho que valía mi trabajo. Pero Dios intervino en mi lugar, y poco después de regresar a trabajar, un cliente entró a el taller y se impresionó con lo bien que yo atendía el negocio. Me dijo que estaba buscando una directora de oficina, y pensó que yo sería ideal para el trabajo. Ofreció pagarme cincuenta dólares más por semana. Le mencioné a Chris esta oferta, y se puso muy molesto que su cliente estaba tratando de convencerme de renunciar. Sabiendo que yo estaba considerando seriamente la oferta, aumentó mi sueldo cincuenta dólares más a la semana. Algún tiempo después, Pat decidió cerrar su estación gasolinera ya que no estaba ganando dinero y Chris empleó a Pat de nuevo.

Después de mi regreso a Pico Wheel, el negocio empezó a regresar a la normalidad. Yo instituí otros cambios que aumentaron la ganancia del negocio. Un cambio fue el de comenzar a tratar directamente con Cadillac para hacer la reparación de ruedas cromadas de alambre plateado y de cambiar los rayos defectuosos por rayos nuevos. También añadí la venta de llantas de calidad. El ajuste de las ruedas de alambre era un trabajo interesante. Se requería que el centro, borde, y todos los rayos se desmontaran. Luego todas estas piezas se enviaban a la galvanoplastia. Cuando volvían plateadas, se tenían que volver a armar. Para hacer esto, era necesario poner cada aro de nuevo en el eje y luego en la llanta correctamente. Esto se llama "lacing". Luego se colocaban en una rueda girante para el equilibrio. Por último, se examinaba cada rayo con una herramienta de ajuste para asegurarse de que sonara correctamente. Este proceso se llama "ajuste" de la rueda.

Muchos artistas de cine que frecuentaban el taller eran dueños de carros valiosos como Lamborghinis, Mazarattis, Mercedes y Jaguares que tenían ruedas cromadas de alambre plateado. Como yo no veía las películas ni la televisión, no conocía a ninguno de ellos. A veces un cliente llegaba a la oficina y se presentaba de mucha importancia. En una ocasión le dije al nieto de mi jefe, Gary, que ahora trabajaba allí, que alguien había entrado que estaba muy orgulloso de su nombre. Le dije a Gary que el hombre me había dicho tres veces que su nombre era Adam West. "¿Quién es Adam West?" Le pregunté. Me dijo que él era el actor en la serie de televisión "Batman". Esa noche, les dije a mis hijos que había conocido a Adam West y se pusieron muy emocionados porque sabían quién era. Así fue como conocí a John Wayne, Dean Martin, Ricardo Montalbán, Linda Carter, Desi Arnaz Jr., Sammy Davis Jr., Jerry Lewis, Karen Carpenter, Tony Dow, Steve McQueen, Sidney Portier y Charlton Heston. Ya que yo no los reconocía, nunca les pedí su autógrafo. Sin embargo, cuando Gary me decía que la persona que llegaba era un artista de cine o televisión, le llamaba a mi hija Alicia para que viniera a la oficina para obtener sus autógrafos. Ella siempre estaba muy entusiasmada con la oportunidad de conocer a un artista. Estos artistas siempre me trataban cariñosamente. Algunos me regalaban dulces o pasteles de fruta en la época de Navidad. Dean Martin me regaló un cepillo de ropa con estuche de vaqueta con su nombre impreso en letras doradas. Todavía lo guardo.

Mis años en el Pico Wheel no carecían de peligro. Hubo un período cuando el negocio estaba lento y Chris, sin mi conocimiento, le había dicho a Lionel, uno de nuestros empleados más nuevos, que iba a ser despedido al fin de la semana. A mediados de semana, el hermano de Lionel se presentó a la hora de cierre. En un tono muy enojado, me preguntó por qué íbamos a despedir a su hermano. Le dije que yo no sabía por qué y que yo no estaba a cargo de hacer esas decisiones. Mientras yo le hablaba, entró a mi oficina. Lo vi levantar la mano sobre mí y me di cuenta de un objeto brillante en su mano. De inmediato oré: "¡Dios mío, ayúdame, este hombre me va a matar!" Yo no sabía lo que tenía en el puño, pero pensé que podría ser uno de los martillos del taller. Él me golpeó y me tumbó al piso.

Mientras él seguía golpeándome en la cabeza, me dijo "No grites o te mato." Cuando dijo eso, comprendí que aún tenía vida y que podía gritar, y así lo hice. Los hombres en el taller me oyeron y corrieron a mi rescate. Lo pescaron y lo detuvieron. Allí en el piso de la oficina, vi la lata de cerveza abollada que había utilizado para asaltarme. La policía fue llamada y me pidieron que fuera a la comisaría para presentar una queja. Llamé a mi hija Alicia y se reunió conmigo en la estación de policía. Todavía me sentía débil, debido al asalto. Cuando ella me vió, me suplicó que no volviera a trabajar allí. Sin embargo, yo no quería dejar que las acciones de este hombre perturbaran mi vida. Chris reconoció mi dedicación a la compañía y me dijo varias veces que su plan era que algún día me dejaría una porción del negocio.

Algún tiempo después Ramón Ríos, uno de los empleados que habían venido a mi rescate, me dijo que el hermano de Lionel se había enojado porque al perder Lionel su trabajo, ya no podía darle a su hermano dinero para mantener su adicción a las drogas. Fui citada a presentarme en la cárcel del condado de Los Ángeles e identificar al hombre que me había atacado. Por su delito, el hombre recibió una sentencia de cárcel de corto plazo. Unos meses después de ser liberado cometió un crimen horrible. En un ataque de ira contra su suegra, mató accidentalmente a su esposa mientras ella trataba de proteger a su madre. Una vez más el Señor me había salvado la vida. "Ninguna arma forjada contra ti prosperará." Isaías 54:17

Chris Burdick se jubiló y le dejó todo el negocio a su nieto, Gary Stevens. Cuando Gary estuvo involucrado en un accidente de motocicleta y quedó discapacitado por una larga temporada, yo sola tenía la responsabilidad de dirigir el taller. Durante este tiempo cuidaba todos los trabajos de la oficina y también supervisaba el taller. Trabajé con esta compañía como una verdadera socia de negocios por un total de veinte y cinco años, sin embargo, a pesar de lo que había dicho Chris, nunca me pasó parte del negocio. Durante mis años de trabajo allí, también cuidé de mi familia y servía activamente en la obra del Señor.

Un día en septiembre de 1972, una periodista entró al taller para obtener servicio para su automóvil. Se dió cuenta que yo estaba enseñándole a un trabajador nuevo cómo resemblar la rueda. Ella se quedó admirada que una mujer podía hacer este tipo de trabajo y me entrevistó y escribió un artículo que se publicó en el *Los Angeles Herald Examiner* el 2 de octubre de 1972.

Give the Little Lady
a Great Big Hand

If She Isn't Fixing Wheels...

By CAMILLA SNYDER
Herald Examier Staff Writer

Smart members of the vroom, vroom set don't take chances with their wire wheels.

Whether one drives the tiniest Triumph or the loftiest, costliest Lamborghini, when you get 20,000 miles on your spokes, a visit to Beatrice Garcia is as important as a periodic visit to your dentist.

Who's Beatrice Garcia? And why take your wire wheel problems to a 58-year old housewife who can't drive a car and looks as if she should be busying herself with church work and PTA meetings?

Seventeen years ago, when her third child was a couple years old, Mrs. Garcia needed to supplement the family income. She had a next-door neighbor willing to care for her children but she wanted to work in the neighborhood. So she walked half a block down the street to the Pico Wheel Co., where her husband Pat worked. She asked owner Christopher Burdick for a job. He put Mrs. Garcia to work, and before he really realized what she was up to Mrs. Garcia was doing everything.

"I keep accounts payable, I keep accounts receivable, I answer the phone. I teach the boys how to change tires," Mrs. Garcia explains.

She's too modest to say she saves lives. That she can run her fingers quickly over a 72-spoke wire wheel, and tell you in the twinkling of an eye what the wheel needs.

"Sometimes they need tuning, sometimes they need to be laced up, sometimes they need chrome plating, sometimes they need to be torn down and reassembled," Beatrice Garcia says.

Christopher Burdick went in business in 1923 when most cars had spoke wheels-some wood, some wire, some steel. His firm today is said to be tops in the United States.

He and Mrs. Garcia, thanks to the vintage car craze, is seeing some 1923 wheels the second time round.

"There are two lives in wire wheels. I mean spoke wheels," Burdick says. "There is the original life of the wheel, then, if you have been at the Pomona Fair Grounds lately, you've seen the second life of the wheels on restored vintage automobiles.

"The cars belong to men who have made their fortunes, who have retired. Then the doctor says to them. 'Find something to do'. They go out and buy old cars and set about restoring them. We fix the wheels."

Mrs. Garcia's favorite story is about a doctor who drove his Jaguar through the shop door with the wheels wobbling.

"I said, 'Heavens your wheels are coming to pieces.' Fix them or you will be in trouble."

"When the doctor came back to get his wheels he brought his wife along to meet me. He said 'This is the lady who diagnosed the problem with my car.' I didn't know a lady could do that."

Mrs. Garcia didn't let the physician off with merely a repair bill.

"How about you helping me now?" she said. "I have just developed an ulcer."

The grateful physician recommended feeding the ulcer with milk. It worked.

Beatrice Garcia and Christopher Burdick have friends way beyond the Los Angeles area where they are situated.

"We get wire wheels in from New York, San Francisco, Minneapolis, Dallas, Chicago, and all over," Mrs. Garcia explained. "I guess some of them come from pretty important people. I never pay any attention to who they are. I just get the wheels in proper condition."

That's no odd-looking mixing bowl Beatrice Garcia is whipping things up in. She's (believe it or not) repairing an automobile wheel.

Capítulo 11

Testifiquemos

Porque de tal manera amó Dios al mundo,
que ha dado a su Hijo unigénito, para que
todo aquél que en Él crea no se pierda,
mas tenga vida eterna.

JUAN 3:16

Al llegar a California en 1953, nos unimos a la Asamblea Apostólica en el templo llamado El Siloé. Durante nuestro ministerio en Texas, Pat y yo nos habíamos dedicado al evangelismo, y todavía quisimos continuarlo en Los Ángeles. Con el permiso de nuestro pastor, Antonio Nava, comenzamos a dirigir pequeñas reuniones hogareñas durante la semana con miembros que vivían en los barrios de Los Ángeles, y más tarde en Torrance y Culver City en iglesias rentadas. Invitábamos a los vecinos a escuchar el evangelio. Cuando había nuevos conversos que pedían el bautismo, los llevábamos a El Siloé. Al poco tiempo, la congregación de El Siloé vendió el edificio en el centro de Los Ángeles, y se mudaron a una propiedad más grande en el este de Los Ángeles. Nuestra familia asistía a los servicios allí por los domingos, y entre semana teníamos cultos hogareños.

En la Asamblea Apostólica existe un grupo de mujeres auxiliares que se llama "Dorcas". En esa época, como hoy en día, una de las mayores funciones de esta organización era ayudar a recaudar fondos a través de los muchos talentos de sus miembros. Nos gustaba hacer y vender comida y también artículos hechos a mano para ofrecer la caridad a los necesitados. Tuve el privilegio de ser electa para servir como oficial en las Dorcas en las siguientes capacidades durante los años de 1949 hasta el 1964:

1949-1951 Secretaria del Distrito del Sur de Texas.

1951-1953 Vicepresidente del Distrito del Sur de Texas.

1954-1956 Secretaria del Distrito del Sur de California.

1958-1962 Subtesorera Nacional Sociedad Femenil Dorcas.

1962-1964 Tesorera Nacional de la Sociedad Femenil Dorcas.

En 1962, Pat buscó un edificio de alquiler en el centro de Los Ángeles para tener cultos en los domingos. Trabajamos con la comunidad de habla hispana, y muchas almas preciosas se convirtieron, y algunos sirven en el ministerio hasta hoy en día.

En 1964, mi tío Bene vino a ayudarnos como pastor de nuestra congregación en mid-city Los Ángeles con Pat como asistente pastor. Evangelizamos en las áreas de habla hispana, tocando puertas y orando por las almas que encontrábamos. El grupo juvenil creció y siempre llegaban de visita o a comer a nuestra casa.

En 1965, nuestro hijo Rubén se enlistó en el ejército durante la Guerra de Vietnam. Los miembros de la iglesia oraron por su protección y Dios nos escuchó. Después del campo de entrenamiento, fue nominado para ir a la Escuela Preparatoria de West Point. Luego, fue enviado a Alemania en vez de Vietnam. Durante la ausencia de Rubén dos hermanas jóvenes, Raquel y Elisabeth Cervantes, vinieron a vivir con nosotros ya que no tenían familia en Los Ángeles. Las recibimos como parte de nuestra familia y nos amaban tanto como nosotros las amábamos a ellas. Ahora están casadas y sus hijos me llaman abuela.

La congregación fue creciendo y nos encontramos con necesidad de una iglesia propia. Como yo era la tesorera, sabía que estábamos en una buena posición financiera para ofrecer el pago inicial de un edificio. Pat empezó a buscar un lugar amplio que diera cabida a la congregación y permitiera más crecimiento. Mientras que buscábamos en el área de Lincoln Heights, Pat vió una iglesia que le gustó, y sintió el impulso de entrar. Porque no estaba de venta, yo no quería entrar, pero Pat me pidió que lo acompañara. Al entrar hablamos con una persona que nos dijo que estaban saliendo de la reunión mensual de la junta directiva. Les dijimos por qué estábamos allí, y para mi sorpresa nos informaron que acababan de comprar un terreno y estaban planeando construir una iglesia allí. Nos dijeron que cuando estuvieran listos para vender su sitio presente, nos notificaban. Inmediatamente le llamamos a nuestro pastor Benjamín Cantú y él vino a verlo y le gustó también. Por medio del impulso del espíritu, se consiguió el edificio por la Avenida Griffin un año después, y persiste hasta hoy como iglesia Apostólica. Fue nombrado, Templo Emmanuel y sigue ahí, pastoreada por Val Jiménez y su esposa Emma Jiménez Cantú.

Mi hijo Rubén fue ordenado a el ministerio en 1974, y en su primer sermón de domingo, mi hija Alicia, su esposo Tony y tres otros creyentes respondieron al llamado y pidieron ser bautizados el domingo siguiente.

A pesar de que estábamos muy contentos en el Templo Emmanuel, seguíamos dispuestos a estar atentos a la dirección del Señor. Un fin de semana en el verano de 1979, Pat y yo fuimos a un retiro cristiano en las montañas. La última noche que estuvimos allí el sermón fue tomado del libro de Josué, capítulo 14. Este pasaje habla de la distribución de la tierra de Canaán a los hijos de Israel como su herencia. Allí Caleb a los ochenta y cinco años de edad, dijo a Josué: "Hoy estoy aún tan fuerte como yo estaba en el día en que Moisés me envió a espiar a la tierra de Canaán, como era mi fuerza entonces, así está mi fuerza ahora. Dame pues, esta región montañosa." Caleb, con los otros espías, había visto esta tierra hacía cuarenta años. Los otros dijeron que había "gigantes" en la tierra y tuvieron miedo de entrar. En cambio Caleb y Josué, confiaban que Dios era capaz de vencer a estos "gigantes" y estaban dispuestos a entrar a poseerla.

Durante el sermón, yo sentí una carga por las almas perdidas en la ciudad de Los Ángeles, donde de recién llegados habíamos empezado a evangelizar. Esta área de Los Ángeles era un lugar muy peligroso, debido a la pobreza, la falta de instrucción escolar y de hogares íntegros. Creíamos que con el Señor a nuestro lado, podíamos entrar y conquistar a los "gigantes" que impedían que la gente viniera a creer en el poder de Cristo. Cuando salimos de la reunión me preguntó Pat cómo me sentía acerca de ese sermón. Le dije mi sentir y él me dijo que él también había sentido el llamamiento del Señor, y que, tocante a nuestra edad, todavía éramos más jóvenes de lo que Caleb había sido cuando reclamó la tierra. Y así como Caleb, sentíamos la fuerza para salir y poseer las almas que fueran para el Señor. Mucha gente nos consideró valientes en asumir tal riesgo. Pat tenía sesenta y dos y yo tenía sesenta y cinco años. La mayoría de gente de nuestra edad estaba pensando en disfrutar de vacaciones y de la jubilación. Hablamos con nuestro pastor, y le informamos de nuestro deseo. El pastor y toda la congregación nos dieron su bendición.

Encontramos un edificio de alquiler y tuvimos nuestro primer culto con nuestra familia y sólo unos pocos miembros del Templo Emmanuel. Éramos nueve adultos y tres niños, doce en total, el número perfecto, ya que el mismo Señor tenía doce discípulos. Esa misma semana nos fuimos de puerta en puerta. Nos encontramos con una familia que nos recibió. Esta fue la familia Cortés. Nicolás y Elvia Cortés tenían cinco hijas, y aunque ellos no aceptaron la invitación, con mucho gusto nos dijeron que les darían permiso a sus hijas para ir con nosotros a la escuela dominical. Con el tiempo, después de oír la Palabra de Dios por medio de sus hijas, los padres abrieron su hogar y sus corazones al evangelio. Elvia Cortés nos pidió que oráramos por ella, ya que tenía una pierna ulcerada y los médicos le habían dicho que tendrían que raspar hasta el hueso. Nuestras oraciones fueron contestadas, y ella recibió la salud divina. Debido a esto, no sólo la familia inmediata vino al Señor, sino también muchos de sus familiares y vecinos.

El primero de septiembre de 1982, compramos un edificio de iglesia en la Avenida Naomi, en el centro-sur de Los Ángeles. Pat y nuestro hijo Rubén fueron pastores en este sitio por doce años. Durante este tiempo mi hija Alicia y su esposo Tony Landeros ayudaron en la escuela dominical. Alicia y otras hermanas ayudaron a dirigir a la juventud, a los niños, y al coro de adultos. Yo fui la pianista y tesorera de la sociedad de las mujeres. Hacíamos tamales y costuras para recaudar fondos. Las hermanas de la iglesia cocinábamos comidas ricas de pavo en los días de fiesta y en los días de Acción de Gracias. Invitábamos a los vecinos a venir y a comer gratis. Todos disfrutaban de los pasteles de calabaza y manzana que yo hacía. Durante los cultos semanales, cuando los niños de la iglesia necesitaban tutoría, yo los llevaba al comedor de la iglesia y les ayudaba con sus tareas. Muchos de los niños provenían de hogares de habla hispana y necesitaban alguien que les ayudara con el inglés. Sabía que la mayoría de estos niños serían los primeros en sus familias de graduarse de la escuela preparatoria y yo quería hacer todo lo posible para que recibieran su diploma. Que yo sepa, cada uno de estos niños se graduó de la preparatoria y varios alcanzaron a recibirse con títulos de las universidades.

Pat y yo seguimos trabajando en Pico Wheel y al mismo tiempo desempeñábamos el trabajo de Pastores de la congregación. Nuestro servicio a la iglesia se hizo con todo nuestro corazón y sin salario alguno. Creíamos entonces como todavía creemos, que hay una recompensa eterna que espera a cada creyente, y que es mucho mayor que cualquier tesoro terrenal.

Una mañana de invierno en 1980, empecé a sentirme muy enferma en el trabajo. Nunca había experimentado un dolor de cabeza tan fuerte. Pat me llevó al hospital donde se determinó que estaba sufriendo un derrame cerebral. Fui internada en el hospital, y aunque coherente, sólo recuerdo vagamente lo que ocurrió durante los siguientes tres días. Le dije a Pat que tal vez era tiempo de irme con el Señor. Él suavemente colocó su brazo alrededor de mí y me dijo: "No, no te puedes ir, no puedo vivir sin ti. Ya le he pedido al Señor que me lleve primero." Comenzó a orar. Sabía que mi marido me amaba, pero fue ese día que yo comprendí la profundidad de su amor. Oró para que Dios permitiera que me quedara a su lado un poco más. Me recuperé y años más tarde, como lo había solicitado, Pat se fue con el Señor primero a la edad de ochenta y ocho años.

El día en que tuve el ataque cerebrovascular, me admitieron en la unidad de cuidados intensivos del Hospital de California en Los Ángeles. En las primeras semanas mi condición era inestable. Nadie estaba autorizado a visitarme excepto mi familia inmediata. Un día, Pat vino a visitarme y me preguntó si mi hija había venido ese día. Le respondí que nadie había venido excepto "el hermano". Él había venido a orar conmigo. Pat me preguntó que cuál hermano había venido. Le dije: "El hermano que estaba vestido de blanco, que iba saliendo cuando tú entraste ¿No lo viste?" Él no había visto a nadie salir por la puerta pero pensó que quizás la persona a quien yo me refería como el hermano había sido un médico.

En otra ocasión, cuando mi hija Alicia me visitaba, le dije que el hermano estaba de pie junto a ella. Ella miró a su alrededor y no vió a nadie pero no me dijo nada. Le dije que el hermano venía todos los días para enseñarme salmos hermosos. Le pregunté si le gustaría escuchar lo que él me estaba enseñando ahora, y me dijo que sí. Alicia me dijo después de salir del hospital que eran unos salmos hermosos que jamás había oído. Ella le preguntó al doctor si me había recetado algún medicamento que podría ser la causa de que yo alucinara. Le dijeron que no me daban nada que tuviera tales efectos secundarios. Seguí repitiendo las palabras que aprendía del hermano, palabras que llenaban mi corazón de alegría y de paz.

Varias enfermeras estudiantes, que eran Católicas Carismáticas (llenas del Espíritu), se habían convertido en mis amigas y disfrutaban en visitarme todos los días para oírme recitar los salmos que yo estaba aprendiendo. Un día, tuve una fiebre muy alta, y la jefa de las enfermeras, dijo: "Señora García, hemos intentado todo pero su fiebre no baja."

"¿Quiere decir que sólo Dios es capaz?" Le pregunté.

Ella dijo: "¡Exactamente!

Cuando las enfermeras estudiantes llegaron, les pedí que oraran conmigo. En el término de una hora, mi temperatura había bajado y la fiebre había desaparecido. Las enfermeras comenzaron a dar gracias a Dios porque Él había respondido a nuestras oraciones.

Mi salud siguió mejorando a diario y estaba recuperando el uso de mi lado derecho. Yo estaba empezando a caminar por los pasillos del hospital con ayuda de la barandilla. Un día Alicia se encontraba de visita, y le dije: "Aquí viene el hermano ahora." Ella me dijo que ella no lo veía, y me pidió que lo describiera. Le respondí: "Tiene unos treinta y pico de años, su rostro es ovalado y lleva un traje color café de tres piezas." Yo estaba a punto de describir los ojos, cuando vi al hermano sacudir la cabeza. "Alicia, me está diciendo que no puedo describirlo más," le dije. Esta fue la última vez que el hermano vino a visitarme. Después de salir del hospital me hubiera gustado ver al hermano de nuevo; creo que algún día lo haré. De una cosa estoy segura, y es que Dios es mi Padre celestial porque por la fe en Cristo he renacido en la familia de Dios. Jesús dijo: "Porque cualquiera que hace la voluntad de mi Padre que está en los cielos, ése es mi hermano y hermana y madre." Mateo 12:50

Después de seis semanas en el hospital y poco después de mi regreso a casa, se nos notificó que el edificio de apartamentos donde habíamos vivido durante quince años se había vendido. Tendríamos que salir de allí. En este tiempo mi hija Elizabeth y su familia habían visto una casa amplia de venta en La Mirada, California, que estaba cerca de la cuidad de La Habra donde mi hijo Rubén y su familia vivían. Nos mudamos con mi hija Elizabeth. Sentíamos mucho gusto de estar cerca de nuestros hijos y nietos. Elizabeth y su esposo Ralph tuvieron tres hijos, Stephen, Trisha, y David. Rubén y su esposa Patricia tenían dos hijos, Edward y Timothy. En esa fecha, Alicia y su esposo Tony tenían tres hijos, Rick, Alan y Leslie y vivían en Los Ángeles, cerca de Montebello.

Creo que el Señor obró todo esto para que todos nosotros estuviéramos juntos.

Elizabeth estuvo en casa conmigo durante un año, y yo me había recuperado totalmente cuando ella encontró un trabajo de tiempo completo. Ella se fue a trabajar y yo me quedé en casa con sus hijos. Pat seguía trabajando en Los Ángeles, y Stephen y Trisha iban a la escuela primaria, que estaba al cruzar la calle. David, de cuatro años, se quedaba en casa conmigo como mi compañero durante el día. Fue maravilloso ser parte de sus vidas cuando eran niños. Los niños siempre disfrutaban de mi cocina. Stephen me ayudaba a hacer enchiladas y puré de papas y las empanadas de calabaza. Trisha siempre me ayudaba a lavar los platos. Me encantaba coser vestidos bonitos para Trisha. Pat y yo vivimos con ellos durante cinco años.

En 1986, nos mudamos de La Mirada y alquilamos un dúplex en Los Ángeles. El dúplex estaba al otro lado de la calle de mi hija Alicia y su familia. Alicia acababa de tener otra niña, Kristy, y queríamos estar cerca de ellos para estar al cuidado de nuestros nietos. Pat y yo llevábamos a los niños más grandes a la escuela todos los días, y yo comencé a darles clases de piano. Me divertí mucho haciendo vestidos bonitos para Leslie y Kristy. Fuimos bendecidos de vivir al otro lado de la calle de Alicia, Tony, y nuestros nietos por catorce años.

Durante el tiempo que vivimos allí, me hice buena amiga de los propietarios, Aarón y Myrtle Rosenzweig. Myrtle me prometió que podríamos vivir allí toda nuestra vida. Cuando la señora que alquilaba el segundo apartamento dúplex se mudó a otro lugar, le preguntamos a los dueños si nos lo alquilaban a nosotros. Dijeron que sí. Debido a esto, tuvimos la oportunidad de dar hospitalidad a nuestros familiares y a conocidos en sus visitas cortas a

California. Además, algunos de nuestros nietos vivieron en ese apartamento segundo cuando había necesidad.

En 1995, Myrtle falleció y Aarón decidió vender el dúplex. Honrando la promesa de su esposa, nos dió la primera opción para comprar la propiedad. Pat y yo teníamos más de ochenta años y no pensamos que podríamos obtener un préstamo de treinta años a nuestra edad. Aaron accedió a vender la propiedad rápidamente por un precio más bajo del valor de mercado, y para nuestra sorpresa, pudimos obtener el préstamo. El edificio tenía dos unidades de apartamentos. Cada unidad tenía un dormitorio, un baño, una cocina y sala de estar. Esto fue una verdadera bendición para nosotros.

Ya que vivíamos tan cerca, mi hija y yo nos visitábamos a diario. Alicia y yo nos habíamos inscrito como un equipo para la comisión de cocina de la iglesia. Estábamos comisionadas a cocinar juntas una vez al mes y vender los alimentos después de la escuela dominical para recaudar fondos para la iglesia. En particular, un domingo por la mañana, estábamos preparando burritos y pasteles de calabaza. Alicia estaba cocinando y yo estaba tomando un descanso en la mesa de la cocina. Después de probar un burrito, Alicia dijo: "Estos burritos son dignos de un rey." Tan pronto como ella lo dijo, hubo un golpe en la puerta del lado cerca de la cocina. Allí, de pie estaba un hombre bien vestido, de unos treinta años. Él dijo: "¿Tienes algo para comer?" Alicia sintió un gozo inexplicable por esta pregunta porque sabía que acababa de preparar algo muy especial, y quería compartirlo. Rápidamente, ella le preparó una bolsa con no sólo uno, sino dos burritos, un pedazo de pastel de calabaza, y un refresco. El hombre le dió las gracias, cogió la bolsa y se fue. No entendiendo por qué mi hija con tan buena voluntad habia compartirdo a un desconocido parte de nuestro beneficio para la iglesia, me quedé sorprendida. Yo no lo había visto, así que miré por la ventana de la cocina sabiendo que tendría que pasar, pero nunca lo hizo.

"Alicia", dije, "¿Quién fue? No he visto a nadie pasar. "Ella se sorprendió demasiado. Pensamos que quizás había entrado en nuestro patio trasero para comerse el alimento. Salimos a buscarlo, pero él no estaba allí. Caminamos hacia el frente, pero no había nadie allí ni al cruzar la calle. ¡El hombre había desaparecido tan rápido como había aparecido! ¿Quién era este misterioso visitante? Puede que no sepamos en esta vida, pero creemos en la palabra de Dios, que dice: "No te olvides de la hospitalidad, porque por esto algunos, sin saberlo, hospedaron ángeles." Hebreos 13:2.

Un verano, cuando Pat estaba pensando en jubilarse como pastor, decidimos hacer un viaje a Texas. Pat tenía muchos gratos recuerdos de Texas y siempre hablaba de regresar a vivir allá algún día. Decidimos ir en tren en vez de manejar, y teníamos previsto visitar varios lugares diferentes. Visitamos Corpus Christi, Houston, y San Antonio, donde teníamos planes de asistir a la convención de la iglesia. Vimos a muchos de nuestra familia y nos divertimos muchísimo.

El viaje de regreso a nuestra casa tomó casi tres días y estábamos llegando cerca de Los Ángeles cuando ocurrió algo. Patricio y yo estábamos en el último vagón del tren, que era el carro comedor. Acabando un almuerzo tarde, de repente sentimos que se estremeció el tren. Le dije a Pat, "¡Dios mío, creo que el tren ha atropellado a una vaca!" El carro comedor comenzó a sacudirse fuertemente y comenzó a mecerse de un lado a otro. El comedor estaba vacío a excepción de un muchacho joven, Pat, y yo. Empezó a correr el joven, y nosotros detrás de él. Pat saltó sobre el acoplamiento entre los vagones y al llegar al carro siguiente me extendió la mano y al cogerme, brinqué. Un poquito después de brincar al siguiente carro se escuchó un fuerte chillido y luego nos quedamos alarmados cuando vimos el carro comedor salir fuera de los rieles. De repente el tren se detuvo. Entonces las luces y el aire acondicionado se apagaron. Cuando miramos hacia atrás, vimos que el carro comedor se había descarrilado por completo, y estaba reclinado en su lado fuera del los rieles, formando un número siete. El carro en que nos encontrábamos también estaba un poco inclinado, pero todavía estaba en los rieles. Nos dijeron que permaneciéramos en el tren hasta que llegara la ambulancia. Era un día muy caliente y el aire en el interior del tren estaba sofocante. Tomaron dos horas para separar el comedor descarriado.

Mientras esperábamos, una mujer que estaba sentada a mi lado comenzó a llorar. Le pregunté qué le pasaba. Ella me dijo que había estado en otro tren esa mañana que se había descarrilado también. Los pasajeros de ese tren habían sido trasladados a nuestro tren en El Paso. Ella estaba alarmada que esto pudiera acontecerle dos veces en un día. Ella pensó que esto sin duda era a causa de la mala suerte que ella tenía. Le pregunté si alguien había resultado herido en el accidente en el primer tren y dijo que no. Entonces le dije que al contrario, este día había sido una bendición y que debería alabar a Dios. Luego se calmó y se dió cuenta de que Dios la había salvado del peligro dos veces en un día. Llegamos a casa un poco tarde y agitados, pero dando gracias al Señor por su protección.

Tuvimos algunas celebraciones muy especiales en nuestras vidas, junto con nuestra iglesia y miembros de la familia. En 1990, nuestro aniversario de bodas de oro fue una de ellas. Pat y yo renovamos nuestros votos matrimoniales y mi tío Bene ofició en esa celebración. Mi madre también vino desde México para estar con nosotros.

Capítulo 12

Celebrando Bendiciones

No nos cansemos, pues, de hacer bien;
porque a su tiempo segaremos, si no
desmayamos.

GÁLATAS 6:9

En marzo de 1992, Pat y yo nos jubilamos como pastores y una vez más entregamos el edificio a la Asamblea Apostólica totalmente libre de deuda. Aunque se jubiló, Pat continuó ayudando al nuevo pastor Jorge Solíz y su esposa Becky como asistente de pastor y superintendente de las clases de escuela dominical. Yo les ayudé como tesorera de la iglesia y de la sociedad femenil. En 1996, el hermano Andrés Mayoral y su esposa Ruth tomaron oficialmente la función de pastor y les ayudamos hasta el año 2000. A más de los cinco años de ministerio en Texas, trabajamos un total de cuarenta años en el área del centro-sur de Los Ángeles. La evangelización y el cuidado de los miembros de la iglesia fue el gozo de nuestras vidas.

En noviembre de 1998, a la edad de ochenta y uno, Pat bautizó a uno de sus nietos, Alan Landeros y otro creyente en un bautisterio al aire libre.

Fue a los principios de los ochenta años que Pat empezó a mostrar síntomas de Parkinson y demencia y su condición fue poco a poco impactando nuestras vidas. Pat empezó a tener dificultad en mantenerse despierto mientras manejaba el automóvil. A menudo se dormía en los semáforos. Un día fuimos a la tienda y Pat decidió quedarse en la camioneta para dormir un poco mientras yo iba de compras. Esta vez, por alguna razón, no pudo dormirse y decidió ir a buscarme. Mientras caminaba hacia la puerta de la tienda, alguien que salía señaló y dijo: "¡Mira esa camioneta que está en llamas!" Por alguna razón nuestra camioneta se incendió pero mi querido Pat no estaba en ella. Más tarde descubrimos que había un corto del circuito eléctrico en el motor y la compañía de seguros clasificó la camioneta "pérdida total". El Señor protegió a Pat en esa ocasión y unos seis meses después, él dejó de manejar.

En octubre de 1999, Alicia y su familia se mudaron de Los Ángeles a Placentia en el condado de Orange. Pat y yo alquilamos nuestro dúplex y nos mudamos al cruzar la calle a la casa de Alicia con nuestra nieta Kristy que se quedo para terminar sus estudios. Nuestro nieto Alan también se quedó y me ayudo a cuidar de Pat. Después de un año, Pat y yo nos mudamos a vivir a Placentia con Tony y Alicia en su nuevo hogar. Tanto Alicia, como Pat y yo, a buen tiempo vendimos nuestras propiedades en Los Ángeles.

Celebramos nuestro aniversario de sesenta años de bodas el 6 de mayo del 2000, en el Quiet Cannon de Montebello Country Club. En esta celebración, Pat se levantó y habló sobre Proverbio 31, que hace la pregunta, "Una mujer virtuosa, ¿quién la encontrará?" Pat dijo: "¡Yo la encontré!" Entonces yo hablé y dije que yo también había sido bendecida con un hombre que siempre me había demostrado una gran paciencia y amor.

También celebramos nuestro aniversario de sesenta y cinco años el 12 de mayo de 2005. Tuvimos una buena comida en un restaurante con amigos especiales y familiares. Siempre mi marido fue mi compañero de verdad. Fue nuestra costumbre siempre hacer las cosas juntas. Nos reíamos, llorábamos, trabajábamos, y sobre todo, orábamos juntos. Pat era un esposo fiel y cariñoso. Era un hombre tranquilo que amaba mi cocina y nunca se le olvidaba darme complementos. Le gustaban especialmente mis pasteles de manzana y siempre decía que eran los mejores del mundo.

Después de mudarnos a Placentia, Pat iba al Centro de cuidado para adultos, Easter Seals de Brea, donde pasaba una buena parte del día. Allí le proveían actividades diarias para estimular su mente. Nuestra salida especial, por supuesto, era el domingo, cuando íbamos a la iglesia con Tony y Alicia.

Un día en casa, Pat se cayó y se rompió la cadera. Fue llevado al hospital de Yorba Linda donde nos dijeron que necesitaba cirugía de cadera. Después de la cirugía Pat fue enviado a un hospital de convalecencia para la terapia. Él llegó a casa tres semanas después. La mañana siguiente fue el 11 de septiembre 2001 y mientras Alicia estaba preparando el desayuno para Pat, puso el televisor. Estaban anunciando que cuatro aviones pasajeros habían sido secuestrados por terroristas. Uno de los aviones se estrelló intencionalmente en una de las Torres Gemelas del World Trade Center en Nueva York. La parte superior del edificio se vió envuelto en llamas. Mientras estábamos viendo esto, vimos otro avión estrellarse en la segunda torre. No podíamos creer lo que estaba sucediendo. Comenzamos a orar. En los meses siguientes, se vió renovado el patriotismo y las banderas americanas se mostraron en todas partes. Los vecinos comenzaron a hablar entre sí y a crear nuevas amistades para darse consuelo.

Después de la cirugía Pat caminaba con dificultad. Me gustaba sacarlo afuera y empujarlo alrededor del bloque en su silla de ruedas. A veces él me decía que me subiera yo en la silla para empujarme él un rato. Una de nuestras vecinas, Stephanie León, que a menudo estaba afuera en su jardín, nos saludó. Estaba confundida y se acercó a preguntar quién debía estar en la silla de ruedas. ¡Nos reímos tanto de eso! Así es como conocimos a Stephanie Leon, quien se convirtió en una amiga muy querida.

El estado general de salud de Pat empeoró lentamente y cuidamos de él en casa hasta que fue demasiado difícil para todos. Entonces encontramos un centro de cuidado en una casa que estaba cerca y lo visitábamos con regularidad. Después de sufrir un derrame cerebral que le quitó su capacidad de ingerir, pusieron a Pat en una casa de convalecencia y lo visitábamos todos los días en su cuarto privado. En la última semana de su vida terrenal, Pat no hablaba pero el día antes de su muerte claramente lo oímos preguntar, "¿Dónde está mi esposa?" Fui a su lado y le tomé la mano. Mi querido Pat fue a estar con el Señor el 25 de septiembre de 2005. Después de fallecer mi querido esposo, me fui a vivir con mi hija Elizabeth y su esposo, Ron Martin.

He disfrutado de viajar en varias vacaciones con Ron y Elizabeth. Fui con ellos a Sedona, Arizona, por una semana. Nuestro viaje a Sedona incluyó una visita con una prima de Ron, Vicki Beno. Vicki había estado visitando a su madre, Marlis, en California, y le dimos un viaje de vuelta a su casa en la comunidad de Portal, Arizona. Al llegar esa noche Rick, el esposo de Vicki, nos mostró el observatorio y telescopio que se construyó por encima de su garaje. Contemplé las estrellas que brillaban con increíble nitidez. Al verlas por medio del telescopio vi una multitud de estrellas y algunas de ellas brillaban con hermosos colores. ¡Fue un espectáculo magnífico, que nunca voy a olvidar! El siguiente día continuamos a Sedona y la pasamos muy bien allí. Cenamos bajo el cielo estrellado de verano, y disfrutamos de una vista panorámica de las formaciones de piedras rojas.

Al año siguiente, Ron y Elizabeth fueron a Flagstaff de vacaciones y Alicia y yo fuimos con ellos. Estando allí también visitamos de nuevo Sedona. Ahí fuimos a un restaurante para desayunar donde había muchas personas en línea y también esperaban afuera. El hombre que estaba enfrente se me presentó diciendo que él era un indio Inca. Deseando la amistad con él y sintiendo consejo del Espíritu Santo, le dije sobre mi ascendencia India Americana, y le pregunté si él creía en el Señor Jesús. Me dijo que tenía sus propias creencias. Le dije que acababa de leer un libro llamado "El Niño de la Paz", sobre un misionero y su esposa que fueron a vivir entre los indios Incas en Perú. Los misioneros llevaron alimentos y regalos a unas tribus que habían estado en guerra por muchos años. Los nativos continuaron con sus luchas, aún durante los meses que les predicaron acerca de la paz. Sintiéndose desanimados los misioneros decidieron regresarse a su país. Al oír esto, los líderes tribales les rogaron que se quedaran, y prometieron que harían la paz. Al día siguiente, los jefes de ambas tribus llegaron a la casa del misionero, cada uno con un bebé en sus brazos. Con palabras de promesa, los jefes hicieron intercambio de los bebés. Cada niño para siempre sería llamado "El Niño de la Paz" y vivirían como miembros de la otra tribu. De este modo buscaban paz en vez de guerra, porque el atacar sería hacerlo contra su propio hijo. El misionero les preguntó a los jefes si había otro modo de hacer la paz, sin el dolor de entregar a un niño. Se le aseguró que, para ellos, no había otra manera. Él les preguntó, ¿cómo se eligió cual bebé sería entregado? Los dos jefes lo miraron y dijeron "por supuesto, entregamos a nuestros propios hijos primogénitos." En ese momento, el misionero se dió cuenta de la importancia de este intercambio. Le dijo a los jefes: "¡Esto es exactamente lo mismo que Dios ha hecho con Cristo Jesús! Para traer la paz a la humanidad, Dios entregó a su Hijo primogénito." El misionero abrió su Biblia y les leyó en Isaías 9:6. "Porque un hijo nos es nacido, un hijo nos es dado. Y su nombre será llamado, Admirable Consejero, Dios Fuerte, Padre Eterno, y el Príncipe de Paz." Y por primera vez, las tribus comenzaron a entender el mensaje de Cristo.

"Mi amigo", le dije, "El Señor Jesucristo es nuestro Hijo de Paz." Su corazón estaba tan conmovido por esta historia que me dijo que sí creía. Su hija de diez años de edad estaba escuchando con atención. Mi oración es que la semilla de la salvación se haya plantado en su corazón también. Al fin nuestro nombre se llamó para ir a comer y al despedirnos, él me dió un abrazo y dijo: "Dios te bendiga mi hermanita." Mi estómago estaba vacío, pero mi espíritu estaba lleno de gozo.

Al estar viviendo con mi hija Elizabeth y Ron, he disfrutado de felicidad y paz por el cariño y cuidado que me han impartido en su casa. También he conocido a algunos de los vecinos que se han convertido en amigos y por los cuales estamos orando. Elizabeth y yo leemos la Biblia juntas por la mañana y por la noche, que nos mantiene firmes en la fe, y mantenemos la comunión entre semana por medio de un pequeño estudio Bíblico. Ron también nos lee las Escrituras después de la cena, que me gusta mucho.

Mi nieta Trisha, la hija de Elizabeth, y su esposo Rudy, tienen cuatro hijos. He tenido la alegría de ver crecer a mis preciosos bisnietos: Jake, Allison, Katlyn, y Kimberly. Cuando cumplí noventa y cuatro mis hijos me hicieron una fiesta, que fue muy especial para mí. Trisha y Rudy prepararon una comida maravillosa para mí en su casa. Yo atesoro el recuerdo de estar en la compañía de tantos amigos y familia en ese día especial.

Todavía siento una gran alegría cuando puedo ayudar a otros. Un día en septiembre del 2003, mientras asistía al Centro de Ancianos de Placentia, me decidí caminar a la tienda a una cuadra de distancia. Cuando llegué, me fijé que había un grupo de gente. Un hombre estaba tratando de llamar la atención del grupo, pero nadie estaba escuchando. Él les estaba pidiendo en inglés que formaran una línea ya que se iban a distribuir cajas de alimentos. Él había traído las cajas y bolsas de comida en su camioneta. Puso las mesas grandes en un estacionamiento vacío en la esquina de Bradford y la calle Santa Fe. Me acerqué a él y le dije que no le obedecían porque no entendían inglés.

Una vez más ser bilingüe fue útil. El hombre se me presentó como "Larry el Predicador de la calle". Larry me preguntó si quería interpretar. Me sentí feliz de poder ayudar. Tan pronto como me dió las instrucciones se las traduje a la gente en español. Inmediatamente formaron una línea. Luego me pidió que tradujera el mensaje y la oración, lo cual hice con alegría. Seguí ayudando de intérprete para Larry y su asistente, Jimmy, una vez al mes cuando se entregaban bolsas de alimentos a todos los que llegaban. Varios meses más tarde, durante la fiesta del día de dar gracias, también regaló pavos gratis a todos los que llegaban.

En enero de 2004, estando en el Centro de Ancianos, entró una amiga, y al saludarme me dijo que yo era hermosa. Yo le dije, "Oh no, yo no soy hermosa, pero usted sí es." Habló con fuerza y me dijo que no debía negar la belleza del Señor que los demás ven en mí. Esa noche no podía dormirme por la exhortación que Rita me había hecho y recordé que también mi padre, en nuestro único encuentro, me había llamado hermosa. A la mañana siguiente desperté con una poesía en mi mente, y la escribí. La poesía me vino en español y después mi hija, Elizabeth, me ayudó a traducirla al inglés. Mi poesía no sólo se publicó en el libro de poesías internacionales, "Who's Who in Poetry", sino que también recibió el premio del "Editor's Choice". Este fue premio especial para mí, y una confirmación de parte de Dios que somos hermosos ante Él. Espero que todos aquellos que lean esta poesía reconozcan lo hermoso que somos ante nuestro creador.

Amada Por El Creador

Tú fuiste formada con un propósito,
Para honra y gloria de Dios.
Eres preciosa y obra perfecta,
De un hermoso plan del Creador.

No desprecies la mano bendita,
Que en el vientre tu cuerpo formó.
Tú eres preciosa y amada,
Del todo Poderoso Dios.

El hogar donde fuiste creciendo,
Fue el que Dios escogió.
Para poder modelarte,
Siguiendo los pasos que Él ordenó.

Las pruebas que has venido sufriendo,
Y tus afanes Él compartió.
Pero sólo así han podido amoldarte,
Al plan que el alfarero marcó.

Tú eres hoy tal como eres,
Pues con gran amor te formó.
Alaba la mano bendita,
Del que con su poder la vida te dio.

Escrito por Beatriz Garcia

El día que conocí a Larry el Predicador de la calle conocí a la doctora Minda Sena (una pediatra) que estaba con su madre el día en que yo traducía para Larry. Las dos son creyentes queridas en Cristo. Nos convertimos en buenas amigas, y Minda y yo oramos acerca de cómo iniciar un estudio bíblico en el Centro de Ancianos de Placentia. La doctora Minda fue a la alcaldía y obtuvo un permiso para tener estudios Bíblicos en el Centro. Llevamos a cabo estudios una vez a la semana por tres años para todos los interesados. Oramos que las semillas que sembramos crezcan y a su tiempo den fruto. En 2010 el Centro de Anciaños de Placentia me eligieron para participar en un paseo publico como representate en el "Heritage Festival Parade"

Beatrice Representante del Centro de Anciaños de Placentia, en el Heritage Festival Parade de 2010.

He tenido médicos terrenales, pero en realidad es el Señor, que siempre me ha sanado. Para contar todas sus sanidades sería más de lo que podría decir en esta autobiografía. Sin embargo, mencionaré aquí algunos episodios recientes como un testimonio del poder de Dios.

En 2007, fui al hospital de Whittier a causa de un dolor intenso en mi lado derecho del estómago. Después de una ecografía, se descubrió que tenía cálculos biliares. Uno de los médicos que me asistía me dijo que debería tener una operación en la vesícula biliar, pero yo me negué a la cirugía. Me enviaron a casa con una medicina, que tuve que interrumpir a causa de sus efectos negativos. Cambié mi dieta y pasé por un período de icteria o derrame biliar. Una noche, mientras estaba orando, escuché al Señor decir: "Ya te sané", y yo creí esta palabra. Desde ese día no tuve más dolor. Poco a poco empecé a comer comidas normales otra vez.

El 31 de octubre de 2007, a media noche, desperté tosiendo sangre. Ron y Elizabeth me llevaron al hospital comunitario de Whittier. Aunque tenía cuidado por mi condición, me sentía tranquila. Mientras que Elizabeth fue nerviosamente a negociar con el personal de emergencia para que me administraran rápidamente un tratamiento, yo dije: "Señor, si ésta es la forma en que me vas a llevar, te doy las gracias por llevarme sin ningún dolor." En mi mente, oí que Dios me dijo: "Yo no te voy a llevar todavía." Fui admitida esa noche y me pusieron antibióticos. Al día siguiente estaba tosiendo menos sangre. Ese día me hicieron una serie de pruebas y un broncoscopio para examinar mis pulmones.

No encontraron nada que informar. El Dr. Pangalari revisó mi expediente médico tocante a mi última visita al hospital. Me dijo que esta vez, deberían hacer la cirugía de vesícula biliar. Al día siguiente el cirujano se acercó y explicó que la cirugía era bastante sencilla y que él recomendaba que lo hiciera. Yo le mencioné que tenía noventa y tres años de edad, y me contestó que él había hecho varias cirugías en pacientes de mi edad. Entonces me atreví a preguntarle cuántos de ellos habían vivido después de la cirugía. Él no respondió.

Durante la próxima visita del Dr. Pangalari, le pregunté si creía en Jesús y él me dijo que tenía sus propias creencias. Le dije que Jesús puede sanar. Alicia le preguntó que si antes de la cirugía podían hacer una resonancia magnética. Así podrían comprobar el estado de mi vesícula biliar debido que mi ataque había sido más de seis meses antes, y ya no tenía ningún dolor. Estuvo de acuerdo e hizo cita para el examen ese día. Al día siguiente, Julie Kazarian que trabaja en el hospital y es una de las queridas amigas de Alicia de la iglesia, me estaba visitando. También me estaba visitando mi nieto Alan, cuando el Dr. Pangalari entró. Había leído los resultados de la resonancia magnética, y dijo: "Señora García, creo que su Dios la ha sanado. Usted no necesita cirugía." Todos comenzamos a alabar a Dios por su bondad.

A los noventa y cinco, celebramos mi cumpleaños en un restaurante con setenta y siete invitados. Muchos hablaron muy amables palabras sobre Pat y sobre mí. Éstos son algunos de sus testimonios:

• Susan Cortez-Lara recordó las muchas tardes durante los servicios que pasé ayudándole con su tarea escolar. Dijo que como la primera de su familia en graduarse de la universidad, quería compartir conmigo el honor de su maestría.

• Nicolás Cortez, (el padre de Susan) dijo que el Señor nos había enviado a su barrio para sacarlos de las tinieblas a la luz de Jesús. Dijo que todos en su familia se sentían como si fuéramos ángeles que habíamos sido enviados a ellos.

• Olivia Rubio dijo que cuando llegamos por primera vez a su puerta, pensó, "¿Qué quieren estos dos viejitos aquí?" Ella no quería oír el evangelio, pero no nos dimos por vencidos. Continuamos visitándolos hasta que toda la familia recibió el mensaje de la salvación. Estaban agradecidos de que siempre estábamos allí para orar y estar con ellos en tiempo de necesidad.

• Nora Martínez declaró que después de hablar conmigo y escuchar acerca de la pérdida de mis hijos, sintió consuelo después de la muerte accidental de su hija. Se dió cuenta de su necesidad de seguir adelante y centrarse en el cuidado de sus otros dos niños. En ese día de mi cumpleaños, Nora oró con mi hijo Rubén y Alma y recibió al Señor Jesús como su salvador.

Después de escuchar estos testimonios, me di cuenta de que Pat y yo habíamos hecho realmente lo correcto cuando obedecimos la llamada de Dios de volver a mid-city de Los Ángeles en busca de las almas perdidas y llevarlas a la luz de Jesucristo. Fuimos constantes en la oración por aquellos que el Señor nos había dado a nuestro cuidado.

Recientemente, la hija de una pareja que vino al Señor durante nuestro evangelismo en Los Ángeles, se acercó a hablar conmigo en una boda que asistimos. Ella me recordó que cuando nació, yo había tenido parte en escoger su nombre. Su padre había decidido llamarle Melodía, y había pedido mi opinión. Le dije que la niña estaba muy "Linda", y su padre decidió ponerle el nombre Linda Melodía.

Ella me dijo que está maravillada de que el Señor le haya dado el don de escribir himnos. Sin ningún tipo de educación formal de música, ella es inspirada y recibe palabras y melodías para escribir himnos nuevos. Ella me dió las gracias por la parte que yo tuve en su nombramiento, y está muy agradecida al Señor.

Algo que hemos disfrutado haciendo los últimos dos años es celebrar la Pascua con nuestros vecinos y amigos judíos Burke y Stephanie León. La ceremonia incluye la lectura de la Hagadá, que cuenta la historia de la noche que Dios libró al pueblo Hebreo de la esclavitud de Egipto. También incluye la comida del Seder, la última cena que tomaron antes del Éxodo.

Ambas veces mi hija Alicia preparó la cena de cordero en su casa. Stephanie preparó la sopa de matzo y las hierbas para el plato del Seder. Me gustó mucho esta ceremonia y fue muy especial oír a Stephanie leer en hebreo mientras nosotros leíamos la lectura del significado espiritual cristiano en inglés. Yo contribuí a la celebración contando la historia bíblica de la Pascua y cómo la sangre del cordero de la Pascua representa la sangre que Jesús derramó por nosotros, por la cual también somos salvos. Fue un honor celebrar las tradiciones judías y sus símbolos representantes de la verdad de nuestro Cordero, Jesucristo.

La celebración de mi cumpleaños número noventa y seis fue un evento muy memorable, ya que se llevó a cabo en una mansión con treinta amigos y familiares que asistieron. Esta espaciosa Mansión de la Casa Blanca se encuentra en la cima de una colina en Orange, California. Es propiedad del hijo de Stephanie León, Andrew, y la prestaron para nuestro uso en mi cumpleaños.

Porque yo he creído en Cristo Rey, disfruté del evento en la mansión como un recordatorio de que soy hija de la Familia Real de Dios. Sé que un día todo creyente y yo vamos a heredar un reino eterno. Gracias a mi familia y a la familia León por la inolvidable celebración. El tener muchos cumpleaños es maravilloso, pero también significa que estoy envejeciendo. Aunque sé que esto es cierto, todavía quiero más del Señor y todo lo que tiene planeado para mí en esta vida. Quiero animar a otros a creer que "somos más que vencedores por medio de aquél que nos amó." Romanos 8:37. Quiero seguir orando por los enfermos y por los necesitados y las almas perdidas, y ver más victorias en el Nombre de Jesús y sobre todo compartir el amor de Dios.

Mi Cumpleaños de 96 años

Epílogo

Muchos años han pasado desde que mi vida comenzó. He visto muchos cambios en todos los ámbitos de la vida. Cosas que nunca imaginé se están haciendo hoy en día. Los nuevos descubrimientos en la ciencia y la tecnología quizás nunca los entenderé. Me doy cuenta de que, como dijo Job, "desnudo salí del vientre de mi madre, y desnudo volveré allá." Job 1:21.

Entonces, ¿qué va a permanecer? ¿Qué quedará de mi vida en la tierra? ¿Qué huellas voy a dejar? Espero que mis descendientes tengan buenos recuerdos de mí y del amor que compartí con la familia, amigos, y hermanos en Cristo. El amor de Dios que libremente he recibido, lo he compartido con otros. He impartido lo que he recibido. Bendeciré al Señor con cada aliento que tomo. Por su misericordia, lo que hemos sembrado en sencillez, vamos a cosechar en gloria. Hay otras maravillas, que yo podría contar, pero tomaría muchas páginas más para anotarlas todas. Espero que lo que he escrito sea una bendición para todos aquéllos que aman al Señor y esperan su venida.

Sobre el Autor

Mi madre era una voz de "la generación más grande" que vivió desde 1914 hasta 2011. No era rica o famosa, aunque conoció a muchos que si eran. Ella era simplemente Beatriz García, una mujer mexicano-americana rica en experiencias de la vida y bendecida con la capacidad e inteligencia mental para escribir y terminar de contar la historia de su vida a la edad de 96 años.

Mi madre poseía el talento de contar sus historias de una manera que capturaba la atención y también transportaban al oyente a ese tiempo y a ese espacio. Ya sea que se tratara de un cuento personal o de una historia bíblica, ella te llevaba allí, y el oyente sentía que los eventos se convertían en su propia experiencia.

Su libro revela la vida de una niña criada sin el amor de un padre, que aprende a una temprana edad que las adversidades pueden convertirse en oportunidades y vías que pueden guiar el alma al conocimiento del poder y amor de Cristo. La valentía de su juventud, la demostración de su fe, su sabiduría, y su firme compromiso al evangelio de Jesucristo, se revelan en esta autobiografía.

Los últimos 6 años de su vida, Beatriz vivió conmigo, Elizabeth Martin, su hija mayor, en Fullerton, California. Durante este tiempo, mi hermana Alice Landeros y yo fuimos capaces de capturar todas las historias finales de su vida. Una semana antes de su fallecimiento, el 31 de julio de 2011, tuvo la alegría de saber que terminamos la traducción de su libro "The Strings of My Heart" al español, "Las Notas De Mi Corazón."